뭔가 특별한
봉봉샘의
교실 책방

프레드릭처럼 어린이들의
말과 글을 모으는 봉봉샘의 그림책 수업

뭔가 특별한
봉봉샘의
교실 책방

채봉윤 지음

차례

3부 🌸 아이들이 손꼽아 기다리는 그림책 수업

3월 초, 첫 만남 프로젝트

교실에 온 너희를 환영해 《들어와 들어와》《촛불책》   99

그림책 수업 첫 번째 걸음 발표 이끌어 내기

그림책 수업 두 번째 걸음 마음 열기

그림책 수업 세 번째 걸음 함께하는 반 만들기

4부 ■ 아이들이 신나서 하는 그림책 창작 수업

5부 ▲ 아이들을 책의 세상으로 이끄는 독서교육 행사

들어가는 말

〰〰〰〰〰〰〰〰〰〰〰〰〰〰〰〰〰〰〰〰〰

아침 8시, 아무도 없는 빈 교실에 들어선다. 교무실에 들러서 내린 커피 한 잔을 책상 위에 놓는다. 메고 있던 가방을 벗고 "아무튼, 4학년"이라고 적힌 교사 노트를 주섬주섬 꺼낸다. 허리를 숙여 컴퓨터 전원을 누르고 책상 위에 놓인 커피 잔을 다시 집어 든다. 고요했던 공간 속으로 디지털의 파도가 밀려오는 소리가 들린다. 운동장 쪽으로 나 있는 창문을 열어 몸속 깊이 신선한 공기를 들이켠 후 커피의 향과 맛을 느낀다. 새로운 학교로 온 후 매일 아침 반복되는 일상이다. 가끔은 내가 괴테가 되어 가는 건 아닐까 하는 쓸데없는 생각을 한다.

커피를 마시면서 오늘 해야 할 수업 활동을 그려 본다. 영화에 나오는 홀로그램 기술처럼 손을 이리저리 움직이면 필요한 내용이 화면에 나타나면 좋겠다는 생각을 한다. 수업 전날에 책 수업에 대한 흐름도와 필요한 활동지를 대부분 만들어 놓지만, 그렇지 못한 날도 많았음을 고백한다. 어떤 활동은 아침 시간에 갑자기 아이디어가 떠올라 9시가 되기 전 짧은 시간을 이용해 만들기도 했다.

2021년 여름에 열린 '초그신 그림책 연수'에서 어떤 선생님이 이런 질문을 해 주셨다.

"평소 SNS에서 선생님의 학급 운영을 잘 보고 있습니다. 지치지 않고 할 수 있는 원동력은 무엇인가요?"

나는 질문에 대해서 이렇게 대답한 것 같다.(오래전 일이라 정확하게 기억나지는 않지만 이런 맥락의 답이었을 것이다.)

"저도 잘 지치고 체계적으로 계획 세워서 책 수업을 운영하지도 못합니다."

간혹 SNS에 올리는 그림책 수업 활동을 보고 대단하다고 해 주거나 감탄하는 분들이 있는데 그럴 때마다 민망한 기분이 든다. 앞의 대답처럼 책 수업 하면서 나도 많이 지치고 힘들어서 주저앉고 싶을 때가 많기 때문이다. 그림책 수업 활동도 계획을 차근차근 세워 그대로 밀고 나가지 못한다. 그런데도 내가 6년 동안 그림책 수업을 꾸준히 해 올 수 있었던 것은 힘들면 저만치 도망갔다가 언제나 다시 돌아오기 때문이다.

《도망가자》(선우정아 노래, 곽수진 그림)라는, 사람을 위로해 주는 그림책이 있다. 싱어송라이터인 선우정아 노래에 곽수진 일러스트레이터가 그림을 그려서 완성한 노래 그림책이다. 처음에는 그림책을 천천히 살펴본다. 다시 볼 때는 노래에 맞춰 그림책을 넘기면서 읽어 본다. 《도망가자》는 지치고 힘든 주인공에게 마음이 편해지는 곳으로 잠깐 도망가도 괜찮다고 위로해 준다. 내가 가는 곳이면 어디든 함께 가겠다고, 실컷 울고 나서 씩씩하게 돌아오자고 말이다.

《도망가자》 주인공 모습을 한동안 바라보니 그에게서 나의 모습이 겹쳐 보인다. 책 수업이 잘된 날과 그렇지 않은 날 사이에서 이리

저리 흔들리며 고민하는 나를 본다. 책 수업을 하다 보면 의도대로 흘러가는 날은 많지 않다. 책을 고르면 수업을 통해 아이들에게 전하고자 하는 바가 무엇인지, 어떻게 전해 줄 것인지 등을 디자인하는 것까지가 선생님 몫이다. 그렇다면 책을 고르는 것은 선생님 마음대로 해도 될까? 아니다. 책을 고르는 것부터가 책 수업의 시작이다. 때로는 선생님의 수업 의도대로 책을 고를 수도 있지만, 아이들에게 선택권을 넘겨줘도 된다. 선생님이 열심히 책 수업을 계획한다 해도 실제 수업에는 꽤 많은 변수가 있다. 아이들이 그림책을 좋아하는 정도, 그날 개인 상태에 따른 수업 집중도, 학급 분위기 등 복합적인 부분이 영향을 미친다. 모든 수업과 마찬가지로 책 수업도 그래서 힘들다. 선생님이 원하는 방향으로 수업이 흘러가지 않았을 때, 그런 경험이 여러 번 쌓이다 보면 지치고 힘들다. 나 역시 그랬고 지금도 마찬가지다. 하지만 우리는 날마다 완벽한 수업을 할 수는 없다. 그래서 원하던 수업이 이루어지지 않아서 힘들면 나는 언제든 잠시 도망갔다가 씩씩하게 다시 돌아온다. 내가 좋아하는 책 수업으로, 그 안에서 길어 올릴 아이들의 말과 글을 기다리면서 말이다.

책 수업을 생각하며 시간을 보내는 동안 학교 안의 공기가 달라지기 시작한다. 적막했던 공간이 아이들의 말소리와 웃음으로 채워지기 시작한다. 새로운 순간이 시작되고 있다. 오늘은 책 수업에서 어떤 일이 벌어질까? 무슨 일이 생길지 알 수 없기에 두렵지만, 그래서 더욱 설레는 시간이다. 수업에 사용할 그림책 한 권을 칠판에 올려놓고 아이들 맞을 준비를 한다.

　그림책이란 무엇일까? 무슨 매력이 있길래 선생님들이 수업에 그림책을 활용하는 걸까? 온라인 서점에 '그림책'으로 검색해 보면 수많은 그림책 에세이, 그림책 수업 사례, 그림책 이론서들이 주르륵 올라온다. 곧 출간될 이 책도 머지않아 그 분야의 한 자리를 차지할 것이다. 나는 글쓰기의 많은 부분을 연수와 강의에 빚지고 있다. 연수를 어떻게 할지 디자인하면서 들었던 수많은 고민과 생각들이 지금이 글을 쓰게 해 주고 있으니 말이다. 2021년 자발적으로 네 번의 '봉봉샘 시그니처 그림책 연수'를 열었다. 그림책 수업을 하면서 만났던 아이들의 말과 글, 활동 작품들을 보여 드리고 선생님들과 책 수업에 대한 이야기를 나누고 싶었다.

　그림책 수업 이야기를 몇 분이나 들으러 와 주실지 알 수 없었지만 봉봉샘의 시그니처 그림책 연수는 그렇게 막을 열었다. 원래는 계절별 연수를 열 생각이 전혀 없었다. 인생의 많은 부분이 그렇듯 변화는 어느 순간 찾아오고 자신을 알 수 없는 곳으로 데려간다. 연수의 처음은 '생태 환경 그림책 수업 사례 나눔'이었다. 봄에 열린 그림책 연수 반응이 나쁘지 않아 여름에도 그림책 연수를 열었다. 이번에는 서로를 다독이고 위안을 받는 데 초점을 둔 '여름밤 그림책 이야기'였다. 여기서 멈췄어야 하는데 어쩌자고 계절별 연수를 연다고 말했던가. 이때부터 계절별 그림책 연수가 본격적으로 시작되었고,

가을 연수는 '그림책, 예술과 신화를 만나다'를 주제로 그림책을 확장해서 보는 법을 이야기했다. 겨울 연수는 '교실 속 창작 그림책 이야기'로 연수 주제를 잡았는데 개인 사정으로 열지 못해 아쉬움이 남는다.

그림책 연수가 있을 때 만나는 선생님들에게 이런 질문을 던지곤 했다.

"선생님에게 그림책이란 무엇인가요?"

파워포인트에 문장을 띄워 놓고 '그림책이란 _____이다.'에 들어갈 말을 채워 보도록 했다. 여름 연수에서도 이 문장을 띄우고 말을 이어 갔는데… 아뿔싸! 내 이야기를 들려주다 그만 울음이 터져 나온 것이다. 50여 명의 선생님들이 모니터 화면으로 보고 있는데 다 큰 남자가 우는 모습을 라이브로 보이다니! 아마 그때 모인 선생님들도 진귀한 경험을 했을 것이다. 혼자서 말을 하다가 갑자기 우는 모습에 얼마나 당황하셨을지, 그때 참석했던 선생님들께 늦게나마 미안함을 전하고 싶다.

내가 그림책을 처음 접했을 당시 나에게 그림책이란 '생존'이었다. 그림책 수업을 처음 시작한 건 2017년이었다. 2017년은 나에게 잊지 못할 해로 기억될 것이다. 내 인생의 터닝 포인트가 이루어진 시기였으니까. 지금 와서 돌이켜 보면 그림책을 만나기 전까지 나는 형편없는 선생님이었다. 밖에서 보는 사람들은 그렇게 생각하지 않았을지도 모르겠다. 외부적으로는 활발하게 다양한 활동을 하고 다녔으니 말이다. 하지만 당시의 난 공허했다. 뭔가 잘못되어 가고 있다는 생각이 자주 들었다. 그 상태로 가다가는 '좋은 선생님'이 되겠다던 초임 시절의 다짐은 전부 사라져 버릴 것 같았다. '좋은 선생님'이라는 선과 교사로서의 나의 모습이 평행선을 달리는 것 같은 기분이었다. 아무리 달려도 결코 만날 수 없는 그런 평행선….

타이틀과 성과만 신경 쓰고 있는 내 모습을 바라볼 때면 자괴감이 들었다. 수업의 중심에는 언제나 교과서와 지도서가 놓여 있었다. 그 말은 '내 수업'은 없다는 말과 같았다. 이미 다른 사람들이 만들어 놓은 음식을 가지고 매일 만나는 아이들에게 간편식 주는 것처럼 데워서 주고만 있었다. 그렇다고 행동과 습관들을 바꾸지도 않았다. 그것이 잘못되었다는 것을 알면서도, 그걸 부정하면 그동안의 내 교직 생활을 부정하는 것 같은 느낌이 들었다. 모든 것이 엉망이었다. 난 그렇게 무너지고 있었다.

내 교직 생활의 운명을 바꾼 2017년 어느 날. 사람을 무너뜨리는 것도 한순간이지만, 사람을 일으켜 세우는 것도 한순간의 경험이라는 걸 실감했다. 전라북도에 와서 처음 아이들을 가르친 곳은 정읍이었다. 2015년에 익산으로 넘어온 후 한 번도 가지 못했는데, 수학 부스 체험 지원단으로 정읍에 다시 가게 되었다. 수학 부스를 맡아 체험하러 온 아이들과 활동하고 있는데 저 멀리 어디서 본 듯한 얼굴이 보였다. 2010년과 2011년에 가르쳤던 초등학생들이 훌쩍 커서 고등학생이 되어 내 앞에 나타났다. 내가 가르쳤던 제자들이라는 것은 멀리서 봐도 알 수 있었다. 그때 내 머릿속에 떠오른 생각은 두 가지였다. 하나는 7년의 세월을 건너 다시 얼굴을 볼 수 있어서 반갑고 좋았다. 양가감정처럼 다른 하나는 반갑긴 하지만 아는 척해 주지 않기를, 차라리 몰라보기를 바랐다. 그만큼 예전의 내 모습에 자신이 없었다. 열정을 다해 가르치지도 못했고 인간적으로 따뜻하게 대해 주지도 못했다.

고개를 숙이고 다른 아이들 활동을 봐 주는 척하는데 제자 두 명이 다가와 이렇게 말했다.

"선생님, 저희 기억하세요?"

이런… 어찌해서 안 좋은 예감은 다 들어맞는 것이란 말인가. 《선생님, 기억하세요?》(데보라 홉킨슨 글, 낸시 카펜터 그림)에 나온 선생님처럼 좋은 선생님도 아니었는데…. 고개를 들고 제자들을 바라봤다. 그리고 당연히 알고 있다고, 만나서 반갑다고 인사를 건넸다. 한참을 제자들과 이야기하며 20대 시절로 돌아갔다. 결코 유쾌하지 않았던 순간들로…. 수학 부스 체험을 마치고 집으로 돌아오는데 눈앞이 잘 보이지 않았다. 정말 비참한 기분이었다. 7년이라는 시간이 지났어도 자신들을 가르친 선생님을 기억하면서 즐거워하는 아이들을 보면서 이대로는 안 되겠다고 생각했다. 내가 좋아하고 잘할 수 있는 일을 찾아 아이들과 즐겁고 행복하게 수업을 하고 싶었다.

그때 그림책이 말을 걸었다. 어린 시절 책을 좋아했던 나는 도서관에 꽂혀 있는 그림책 중 하나를 무작정 집어 들었다. 교실로 가지고 가서 3학년 아이들을 모아 놓고 그림책을 읽어 줬다. 교직 생활 처음으로 아이들에게 읽어 준 그림책이 《선생님은 몬스터》(피터 브라운 글·그림)라는 그림책이다. 아마 그림책에 나오는 커비 선생님 모습과 나의 모습이 겹쳐졌던 모양이다. 그림책에 대해 하나도 모르면서 그 책에 손이 가장 먼저 갔으니까. 그렇게 조금씩 교과 수업으로 그림책을 데리고 왔다. 그리고 6년이 지난 지금도 내 손에는 여전히 그림책이 들려 있다. 무너져 가던 나는 그림책으로 다시 설 수 있었고, 조금씩 나은 선생님이 되어 가는 중이다. 혹시 예전의 나와 같은 상황에 있는 선생님이 있다면 그림책이 당신을 구원하기를 담담하게 빌어 본다.

1부

봉봉샘의
교실 책방으로 오세요

첫 번째 구성 요소
재미와 흥미

> "난 의무적인 독서는 잘못되었다고 생각해요.
> 의무적인 독서보다는 차라리
> 의무적인 사랑이나 의무적인 행복에 대해 얘기하는 게 나을 거예요.
> 우리는 즐거움을 위해 책을 읽어야 해요."
>
> – 호르헤 루이스 보르헤스(아르헨티나의 위대한 시인이자 작가)

    수영을 배울 때도 단계가 있다. 처음 수영을 배우는 사람에게는 먼저 물과 친해지는 과정이 필요하다. 물에 대한 두려움이 걷히고 나서야 수영의 기본 동작들을 익힐 수 있기 때문이다. 모든 일에는 알맞은 순서와 시기가 있다. 책도 수영과 같다. 처음부터 교훈적인 의미를 찾거나 한글 교육을 위한 교재로 사용하지 말자. 그림책으로 질문을 만들거나 토론하거나 한글을 익히는 용도로 사용하는 것은 아이들이 책에 재미와 흥미를 붙이기 시작한 다음에 접근해야 할 방법이다.

다시 강조하자면 아이들이 처음 접하는 그림책 수업은 재미가 있어야 한다. 초반에 아이들이 책에 대해 어떤 경험과 느낌을 갖는지에 따라 1년 동안의 책 수업 흐름이 결정된다고도 볼 수 있다. 책을 재미있게 접한 아이들은 책에 대해 좋은 느낌을 가지게 되고 앞으로 펼쳐질 책 수업에 즐겁게 참여할 확률 또한 높아진다. 학기 초는 선생님도 아이들도 서로 신뢰 관계가 형성되기 전의 상태다. 재미있는 책으로 아이들 마음을 여는 과정이 필요하다. 처음에는 재미있는 책을 읽어 주기만 해도 괜찮다. 책을 읽고 독후 활동을 반드시 해야 한다는 부담을 버리고 일단 읽어 주자. 읽어 주는 시간이 쌓이면 아이들이 책에 조금씩 다가오기 시작한다. 그러다 보면 아이들과 해 보고 싶은 활동이 하나둘 떠오르고 자연스럽게 활동으로 연결해 나가게 된다. 아이들이 재미있게 볼 수 있는 그림책들을 소개한다.

첫 번째는 책 속에 다른 그림책들이 들어 있어서 한 권의 그림책을 읽으면서 다른 책들도 찾아보는 재미가 있는 작품들이다.

두 번째는 판형과 형태가 재미있는 그림책들이다. 그림책이 가진 물성을 충분히 살려 만든 작품들이어서 아이들도 책이, 읽기만 하는 텍스트가 아니라 손으로 만지고 놀 수 있는 작품이라는 생각이 들 것이다.

세 번째는 아이들과 재미있게 말놀이할 수 있는 그림책이다. 말놀

책 속에 다른 그림책이?

책 자체가 하나의 놀잇감인 책

말놀이 그림책

이 활동은 간단하지만 아이들이 대부분 좋아하는 활동 중 하나다. 그중에서도 사이다 작가가 쓰고 그린 《고구마구마》와 《고구마유》는 끝나는 말에 '~마'와 '~유'를 붙여서 한바탕 웃음을 줄 수 있는 그림책이다. 《고구마유》로 수업한 내용은 그림책 수업 사례 부분에 나오니 그때 더 자세하게 알아보도록 하자.

그림책에 대해 재미와 흥미를 갖게 할 수 있는 또 다른 방법은 책을 가지고 야외로 나가는 것이다. 그림책이 교과서처럼 수업에만 사용되는 것이 아니라는 것을 알려 주고, 책에서 얻을 수 있는 즐거움을 깨닫게 하려는 것이다. 책에 대해 좋은 기억을 갖게 하기 위해 교실을 벗어나 책과 친해질 기회를 자주 주는 것이 좋다. 책이라는 것은 시간과 장소에 구애받지 않고 언제나 함께할 수 있는 친구라는 생각이 들도록 환경을 갖추고 지원해야 한다.

예를 들어 지역마다 책을 활용해 공간을 구성해 놓은 장소들이 많다. 충청남도 부여에 가면 '송정 그림책 마을'이라는 곳이 있다. 송정 마을에 사는 할머니, 할아버지 들이 직접 그림책을 만들어 출간하고 찻집에 전시해 놓았다. 그 밖에도 다양한 그림책들이 전시되어 있고, 2층에 다락방 형태의 공간도 있어서 편하게 그림책을 보고 즐길 수 있는 곳이다. 마을 벽화도 그림책에 나오는 장면으로 구성되어 있어서 아이들과 벽화를 보면서 《강아지똥》(권정생 글, 정승각 그림) 이야기 나누는 시간도 가질 수 있었다. 송정 그림책 마을의 하이라이트는 그림책을 출간한 할머니, 할아버지께서 직접 본인의 작품을 읽

부여 송정 그림책 마을
강아지똥 벽화

부여 송정 그림책 마을 나들이

어 주신다는 것이다. 아이들은 그림책에 대해 새로운 경험을 할 수 있고, 선생님은 그림책 창작에 대한 아이디어를 얻을 수 있어 추천하는 장소다.

　다음은 아이들과 함께 지역에 있는 동네 책방에 찾아가는 것이다. 우리가 사는 곳에 책방이 있다는 것도 알려 주고, 책방에서 아이들 스스로 자신이 좋아하는 책을 고르는 기회를 주자. 아이들에게는 그때의 경험이 마음에 깊이 남아 잊지 못할 소중한 추억의 한 장면이 될 것이다. 예산을 확보하여 아이들이 원하는 책을 한 권씩 선물하고 교실에 와서 데려온 그림책을 다 같이 읽어 보는 시간을 가지면 좋다. 되도록 원하는 책을 사 줄 수 있도록 책 구입 예산은 조금

넉넉하게 올리고 갈 것을 추천한다. 책방에는 다양한 책이 있고 아이들마다 취향이 다르니 어떤 책을 고를지 알 수가 없기 때문이다.

마지막은 지역에 있는 어린이 자치 문화 공간을 활용하는 것이다. 만약 자치 문화 공간이 없다면 도서관을 활용하는 것도 좋은 방법이다. 익산에는 '어울누리'라는 자치 문화 공간이 있어서 예약하면 오전 시간 동안 자유롭게 이용할 수 있었다. 북카페에서 선생님이 그림책 읽어 주는 것을 듣는 시간과 자유로운 자세로 본인이 원하는 책을 볼 수 있는 경험도 책을 즐기게 만드는 또 하나의 방법이지 않을까 생각해 본다.

동네 책방 탐험하기

책 읽어 주기(익산 어울누리 북카페)

자율성과 능동성

'자율성'은 스스로의 원칙에 따라 어떤 일을 하는 성질이고, '능동성'은 자신의 생각이나 뜻에 따라 행동하는 것을 말한다. 그림책을 활용한 책 수업에서 '자율성'과 '능동성'은 아이들이 책을 스스로 고르는 경험, 원하는 책을 읽을 기회, 독후 활동에 얽매이지 않고 책만 읽을 자유 등을 뜻한다.

2015 국어과 개정교육과정에 독서 단원이 신설되면서 선생님들은 책 수업 하기 위한 책을 고르는 문제에 맞닥뜨리게 되었다. 좋은 책으로 수업하는 것은 중요하기에 책 고르는 일은 선생님들이 가장 어려워하고 고심하는 부분이기도 하다. 내가 책을 선정하는 방법은 크게 세 가지다. 첫째는 절대 군주인 루이 14세형(나만 따라와), 둘째는 인공위성형(관찰만 하자), 셋째는 하이브리드형(혼합이 최고지)이다. 어떤

방식인지 하나씩 살펴보도록 하자.

루이 14세형은 선생님이 절대 군주처럼 수업에 사용되는 모든 책을 홀로 결정하는 방식이다. 이 방식이 필요할 때도 있다. 선생님이 아이들에게 알려 주고 싶은 가치나 정보가 책에 담겨 있을 경우다. 확실한 의도를 가지고 그림책 수업을 하기 위해서는 이 방식도 나름의 가치가 있다. 다만 아이들이 계속 수동적인 위치에 놓이게 된다는 점과 책에 대한 호기심과 흥미를 떨어뜨릴 가능성이 아주 높다는 문제가 있다.

인공위성형은 아이들이 도서관에 가서 책 수업에 사용할 책을 가져오도록 하고 가져온 책 가운데 한 권을 뽑아 수업하는 방식이다. 2015 국어과 개정교육과정 독서 단원 소개에도 아이들이 원하는 책을 뽑아서 수업하도록 나와 있다는 점에서 이 방식이 원래 취지에는 맞는다고 볼 수 있다. 다만 아이들의 독서력을 고려해서 세심하게 접근하는 것이 필요하다. 독서 능력이 일정 수준 이상 올라온 학급에서는 아이들에게 어떤 책을 뽑는 것이 좋은지 사전 교육을 한 다음 진행하면 좋은 효과를 볼 수 있다. 좋은 책을 고르는 눈도 책을 많이 읽고 생각을 나누는 과정에서 생기기 때문에 독서 능력이 형성되지 않은 학급에서는 사용하기 힘든 부분이 있다.

하이브리드형은 선생님이 미리 책을 읽어 본 후 괜찮다고 생각하는 책들을 가지고 아이들에게 고르게 하는 방식이다. 보통 선생님이 열 권 정도의 책을 고르고 제목, 앞표지와 뒤표지, 소개 글을 읽은 다음 수업에 사용할 책을 아이들이 뽑는다. 아이들에게 도서관에 가서 책 수업에 사용할 책을 가져오라고 하면 좋을 것 같지만, 오히려 반대의 결과가 발생하는 일이 많았다. 선생님이 책을 살펴보는 예선을 거친 후에 본선에서 아이들이 투표를 통해 뽑는 편이 훨씬 좋은 결과를 가져왔다. 하지만 모든 방식에는 장점과 단점이 있기에 세 가지 방식을 적절히 섞어서 활용할 것을 추천한다. 학급에 따라 독서 수준, 책을 대하는 분위기나 문화가 다르기 때문이다. 책 수업 하는 빈도도 큰 영향을 미친다. 매주 책을 가지고 수업하는 학급의 경우에는 매번 아이들에게 책을 뽑으라고 하기는 힘들 테니 비율을 조절해 가면서 하면 좋을 것이다.

나 역시 예전에는 선생님이 책을 고르는 루이 14세형을 많이 사용했다. 하지만 근래에 교실 책방을 구성하면서 내가 모든 책을 고르지 않고 아이들이 직접 책을 뽑는 경험을 주고 싶었다. 그래서 한 달에 한 번은 꼭 아이들이 뽑은 그림책을 가지고 수업을 구상하려고 노력하고 있고, 아이들이 하고 싶은 활동이 무엇인지 의견을 듣는 자리도 마련하고 있다.

'그림책 큐레이션 공간'은 자율성과 능동성을 강화하기 위해 만들어졌다. 교실 한쪽에 5단 책장을 놓고 아이들이 스스로 고른 그림책을 큐레이션curation 할 수 있는 공간을 마련해 줬다. 아이들은 아침에 학교에 오면 자신이 읽은 그림책을 워크북에 기록하고 큐레이션 공간에 가져다 놓는다. 누가 어떤 그림책을 읽었는지 아이들, 선생님 모두 한눈에 살펴볼 수 있어서 좋다. 또 가끔은 아이들이 좋아하는 그림책을 뽑는 '봉봉샘 그림책 어워드'를 열기도 했다.

봉봉샘 교실 책방 아이 큐레이션 책장

'학교 안 책 소풍'을 떠나는 것도 좋은 방법이다. 학교에서는 학기 초마다 도서 예산으로 학급 도서를 구입하기 시작한다. 책을 구입할 때도 선생님이 일방적으로 구입하지 말고 아이들과 함께 책 목록이 담긴 책자를 활용해 읽고 싶은 책들을 함께 고르는 방법을 추천한다. 책을 고르는 단계부터 아이들이 참여한다면 자신이 선택한 책이 학교에 도착하기만을 기다리는 모습을 볼 수 있을 것이다. 책을 좋아하지 않는 아이라도 스스로 고른 책은 한 번은 들춰 보게 되어 있다. 이런 단계를 거쳐 고른 책들이 학교에 도착하면 그날은 책 소풍을 떠난다. 노란색 카트에 책을 잔뜩 담고 학교 안 어디로든지 여행을 떠난다. 선생님의 질문, 써서 내는 활동 등 독후 활동은 일절 없이 오로지 책만 읽는 시간이다. 그저 책이 좋아서 읽는 시간을 주는 것이다.

스스로 선택한 그림책이 온 날

북카트에 책을 담고 야외로 나가기

학교 안 그림책 소풍

세 번째 구성 요소
지속성

교실 책방을 1년 동안 꾸준히 운영한다는 것이 결코 쉬운 일은 아니다. 학기 초에 책 수업을 해 보려는 마음을 가지고 의욕적으로 시작하지만, 그 마음은 얼마 지나지 않아 서서히 사라지기 시작한다. 그렇다면 책 수업을 포기하게 만드는 요인을 알아봐야 한다. 책 수업을 포기하게 만드는 부정적인 부분을 긍정적인 부분으로 바꿀 수 있다면 좋을 것이다. 선생님들이 책 수업을 지속하지 못하는 이유는 무엇일까? 첫째, 책 수업을 위해서는 선생님이 책을 꾸준히 읽는 습관을 가져야 한다. 아이들이 책을 읽지 않는다고 말하기 전에 스스로를 돌아봐야 한다. 둘째, 책 수업을 해 봤는데 아이들 반응이 별로일 때, 책을 읽어 줘도 별로 나아지는 모습이 보이지 않을 때 지치기 시작한다. 그 상태로 시간이 좀 더 흐르면 책 수업을 포기하고 만다.

실제로 그림책 연수를 하러 가면 가끔 이런 질문을 던지는 선생님들이 있다.

"아이들과 책 수업을 해 봤는데 별로 변한 게 없는 것 같아요. 어떻게 해야 할까요?"

그럴 때 나는 이렇게 말을 하곤 한다.

"힘드시죠? 아이들도 책과 친해지는 데 시간이 걸려요. 저희 반도 그래요."

사람은 누구나 어떤 행동을 했을 때 즉각적인 결과가 나타나길 바란다. 하지만 그림책 수업뿐 아니라 교육이란 것이 단기간에 효과가 나타나기는 쉽지 않다. 아이들을 가르치는 이들이 가져야 할 덕목 중 하나는 바로 '인내와 포기하지 않는 마음'이다.

《나무늘보가 사는 숲에서》는 프랑스 듀오 작가(아누크 부아로베르와 루이 리고)가 함께 만든 팝업북이다. 환경 문제를 담고 있는 그림책인데 사람들 욕심으로 숲이 점점 사라지는 모습이 그려진다. 나무늘보가 매달려 있는 마지막 나무마저 사라진, 황폐한 땅에 자루를 들고 온 어떤 사람이 씨를 뿌리기 시작한다. 시간이 지나 싹이 나고 숲이 다시 살아나면서 끝나는 그림책이다. 책 수업은 아이들 마음에 씨를 뿌리는 것과 같다. 어떤 땅에서는 쉽게 눈이 터서 곧 새싹을 틔우지만, 그렇지 못한 땅도 있을 수 있다. 선생님들이 마음을 편하게 먹고 기다릴 줄 아는 여유가 있으면 좋겠다. 포기하지 않고 지속적으로 책 수업을 하다 보면 언젠가는 땅 위로 뚫고 나온 파릇파릇한 새싹이 고개를 번쩍 들어 올릴 것이다.

지금 당장 달라지지 않고 자라지 않는 것처럼 보여도 읽어 준 책들이 쌓이고 쌓이면 아이들은 언젠가는 변환점을 맞이하게 된다. 설사 그게 선생님이 맡은 학년에서는 아닐지라도 다음 학년, 또 다음 학년에서 나타나게 되어 있다. 광고인 박웅현 씨 말대로 'Squeezz out(짜내다)' 하지 말고 'Spill over(흘러나오다)' 하게 지켜보자. 조급하게 결과물을 짜내지 않고 책을 좋아하는 마음이 샘솟을 수 있도록 수업을 해 나갔으면 좋겠다.

한 가지 더! 그림책 모임을 만들기를 바란다. 학급에서 만나는 아이들의 성향과 기질은 해마다 다르기에 책 수업이 잘될 때도, 그렇지 않을 때도 있다. 책을 좋아하는 아이들이 많은 학급을 맡으면 책 수업이 즐겁고 재밌다. 만약 반대라면 지치고 힘들 수 있다. 이런 경우에는 그림책 수업을 함께 하는 사람들의 도움이 필요하다. 그래야 지치지 않고 아이디어를 얻어 꾸준히 해 나갈 수 있다. 같은 학년이 있는 학교에서는 동료 선생님들과 함께 할 것을, 학급이 하나인 소규모 학교에서는 그림책 연구회나 동아리를 운영할 것을 추천하고 싶다.

1학년을 가르칠 때는 아침마다 그림책 한 권을 읽어 줬다. 한글 해득이 어려운 아이들이 있었기 때문에 들려주는 방식을 취했다. 《하루 15분 책읽어주기의 힘》(짐 트렐리즈·신디 조지스 글)에 따르면 시각 능력과 청각 능력이 같아지는 시기는 중학교 2학년부터라고 한다. 그 전까지는 본인이 스스로 읽을 때보다 다른 사람이 읽어 줄 때 받아

교과 연계 그림책 읽어 주기

워크북에 매일 읽은
그림책 기록하기

들일 수 있는 부분이 더 크다는 뜻이다. 저학년 때는 독후 활동의 양을 늘리기보다는 매일 꾸준히 읽어 주기만 해도 좋을 것 같다. 한글을 깨치지 않은 아이가 없을 때에는 아침 활동 시간마다 한 권씩 그림책을 읽고 워크북에 그날 읽은 책의 제목과 마음에 들어온 한 문장, 한 줄 소감, 평점을 별로 남기는 활동을 꾸준히 했다.

네 번째 구성 요소
학급 공간과 문화

드디어 교실 책방을 구성하는 마지막 요소까지 왔다. 이제까지 교실 책방의 소프트웨어 부분을 이야기했다면 이번에는 하드웨어 부분을 이야기해 보려고 한다. 책 읽는 교실을 만들기 위해서는 학급 공간과 같은 환경적인 부분과 교실 안을 흐르고 있는 학급 문화도 고려해야 한다. 책은 영상과 게임에 비하면 아이들 마음을 얻기가 매우 힘들다. 휴대폰은 아무리 보지 말라고 해도 보는 반면 책은 보라고 열 번 말해야 겨우 한 번 볼 정도이니 말이다. 책 수업을 하려는 선생님들은 이 부분을 반드시 고민해야 한다. 어떻게 하면 아이들이 책을 자주 볼 수 있게 만들지, 책과 조금이라도 친해지게 만들려면 교실 환경은 어떻게 꾸며야 할지, 책이 가진 매력을 어떤 방식으로 전달할지를 치열하게 고민해야 한다.

안타깝게도 학급당 학생 수 20명이 넘어가는 대규모 학급은 교실 공간이 부족하다. 책방을 만드는 공간적인 구성에 있어서 창의성을 발휘하려면 학급당 학생 수를 20명 이하로 해야 한다. 아이들이 책을 읽을 수 있는 공간을 잘 마련해 두면 책과 친해지는 계기가 되어 책 수업에 긍정적인 효과를 얻을 수 있다. 학기가 시작되면 가장 먼저 전면 책꽂이를 교실에 설치한다. 넉넉한 교실 공간이 있는 학급이라면 반드시 표지가 보이는 전면 책꽂이를 설치하는 것이 좋겠다. 책등만 보이는 환경과 표지를 볼 수 있는 환경, 1년이 지났을 때 두 환경 중 어느 쪽이 더 많은 책을 읽을까? 굳이 해 보지 않아도 결론을 충분히 유추할 수 있다. 봉봉샘 교실 책방은 복도 쪽에는 전면 책꽂이 일곱 개가 놓여 있고, 창가 쪽에는 북엔드를 활용해 책을 세워 놓을 수 있게 만들었다. 뒤쪽 환경 게시판 아래에는 어린이 잡지와 국

봉봉샘 교실 책방 복도 쪽 큐레이션

봉봉샘 교실 책방 창가 쪽 큐레이션

어사전이 놓여 있다.

　책을 쉽게 볼 수 있는 장소로 공간을 만들었다면 이제 책으로 함께하는 학급 문화를 만들고 잘 유지시켜 나가면 된다. 학기 초에 아무리 멋진 공간을 구성했어도 선생님이 지속적으로 책에 대해 관심을 쏟지 않는다면 아이들은 너무나 쉽게 책에서 멀어지기 시작한다. 처음에 공간을 잘 만드는 일뿐 아니라 그걸 잘 지켜 나가는 일도 매우 중요하다.

2부

주제가 생생한
그림책 큐레이션

교양 영어 사전을 찾아보니 큐레이션Curation은 미술관, 박물관 등에 전시되는 작품을 기획하고 설명해 주는 사람인 '큐레이터Curator'에서 파생한 신조어라고 한다. 즉 큐레이션은 인터넷에서 콘텐츠를 수집해 공유하고 가치를 부여해 다른 사람들이 소비할 수 있도록 도와주는 서비스라고 볼 수 있다. 그림책 큐레이션도 이런 맥락에서 바라보면 이해가 쉬울 것이다.

시중에 출시된 그림책이 워낙 많다 보니 어떤 그림책을 골라서 읽어 줘야 하는지에 대한 고민이 많다. 학교 선생님들과 대화를 나누다 보면 교과와 관련 있는 그림책 목록을 물어보거나 학년별로 읽어 주기에 좋은 그림책 목록을 요청하는 경우가 종종 있다. 여러 기관에서도 그림책을 큐레이션 해서 독자들에게 제공하고 있다. 주제별 큐레이션, 연령별 큐레이션, 작가별 큐레이션, 출판사별 큐레이션도 있다. 이미 많은 그림책 목록이 시중에 나와 있지만 교실에서 아이들에게 읽어 줬을 때 반응이 좋았던 그림책들을 추려 보았다. 큐레이션 기준은 구성과 내용이 좋은 것, 아이들에게 반응이 좋았던 것, 수업에 쉽게 적용할 수 있는 그림책이다.

그리고 세 개의 큰 범주와 열한 개의 주제로 그림책을 분류했다.

첫 번째 범주는 교육적 목적에 맞춰 계절, 문해력, 생활 지도를 바탕으로 묶었다. 계절별 그림책은 1~2학년 통합교과 시간에 활용하면 좋을 것이다. 문해력은 요새 학교에서 많은 관심을 가지고 있는 부분이다. 문해력은 좁은 의미로 말하자면 '글을 읽고 이해할 수 있는 능력'이지만, 넓은 의미에서는 '자신의 삶을 주체적으로 살아갈 수 있도록 도와주는 기본 능력'이기 때문이다.

두 번째 범주는 가족, 음식, 성 평등, 옛이야기를 주제로 묶었다. 아이들 삶의 기본 출발점은 가정이다. 가족의 의미와 역할, 다양하게 변화하고 있는 가족 구성에 대해서도 아이들과 진솔하게 이야기를 나눠 보길 바라는 마음이다. 1학년 아이들을 가르치면서 느낀 점은 옛이야기에 대해 잘 알지 못한다는 점이었다. 옛이야기를 담은 그림책에서 아이들이 옛이야기의 힘을 느꼈으면 했다.

세 번째 범주는 그림책이 가지고 있는 예술성을 확장하기 위해 그림책 창작, 놀이 활동, 상상력, 예술가를 중심으로 분류했다. 원래 그림책은 그 자체로 예술성을 지니고 있는 작품이다. 그림책이 가진 예술성을 확장해서 풀어낸다면 아이들의 예술적 감수성도 깊어질 것이다.

교육적 목적에 맞는 그림책 큐레이팅	주제별 그림책 큐레이팅	예술의 맛을 알려 주는 그림책 큐레이팅
계절을 다룬 그림책	가족 그림책	그림책 창작에 쉽게 적용할 수 있는 그림책
문해력을 키우는 그림책	음식 그림책	그림책 놀이에 좋은 그림책
생활 지도에 도움이 되는 그림책	성 평등 그림책	상상력을 키우는 그림책
	옛이야기 그림책	예술과 연결시킬 수 있는 그림책

　각 주제를 다룰 때 수업에 활용하면 좋은 그림책들을 추리고 간단한 설명을 덧붙였다. 또한 그림책을 활용해서 아이들과 함께 할 수 있는 수업 아이디어를 넣었다. 그림책 큐레이션을 하면서 중점을 뒀던 부분은 최대한 3부(봉봉샘의 그림책 수업에 초대합니다)에 나오는 그림책 수업 사례와 겹치지 않게 하려고 한 점이다. 2부와 3부에 다뤄진 주제별 그림책을 살펴본다면 아이들과 그림책으로 수업하는 데 조금은 도움이 되리라 생각한다.

　그림책 큐레이션을 준비하면서 한 가지 조심스러웠던 건 추천한 그림책이 모든 아이들에게 좋은 반응을 얻지 못할 수도 있다는 점이었다. 어른들도 저마다 자신의 취향이 있는 것처럼 아이들도 자신만의 취향을 가지고 있다. 그렇기에 모든 아이들에게 사랑받는 그림책이란 존재하지 않을 수도 있다. 하지만 최대한 아이의 시선으로 바라보고 6년 동안 아이들과 책 수업을 하면서 쌓은 경험을 바탕으로 아이들이 좋아할 만한 그림책을 추천했다.

　많은 그림책을 추천하고 싶었지만 지면의 한계로 인해 주제별로 추리고 추려서 넣은 점은 아쉬운 부분이다. 선생님들이 이 책에서 추천하는 그림책을 발판 삼아 자신만의 주제별 그림책 목록을 만들어 나간다면 좋겠다. 주제별로 그림책을 모으다 보면 어느 순간 그림책 수업에 사용할, 든든한 자신만의 목록이 만들어져 있는 걸 확인할 수 있을 것이다. 처음에는 다른 사람이 추천해 준 그림책 목록으로 시작하더라도, 언젠가는 자신만의 큐레이션 목록을 만들게 되기를 바라는 마음을 담아 큐레이션 한 그림책들을 소개해 본다.

봄 숲 놀이터

이영득 글, 한병호 그림

어떤 낱말은 생각만 해도 기분이 좋아진다. 행복, 사랑, 희망 등 긍정적인 가치를 담고 있는 낱말들이 그렇다. 구체적인 장소를 칭하는 낱말로는 '놀이터'가 떠오른다. 놀이터는 언제 들어도 기분 좋은 설렘을 느끼게 하는 마법의 낱말 같다. 좋은 공간이 가지고 있는 힘이 발휘된 걸까? 대부분의 시간을 교실에서 보내는 아이들에게 《봄 숲 놀이터》를 선물하면 어떨까? 살랑살랑 봄바람 불어오는 날에 그림책 한 권 읽고 아이들과 학교 주변을 산책해 보자. 그동안 무심코 지나쳤던 장소를 자세히 들여다보면 생명력 넘치는 봄꽃이 피어나고 있을 테니까.

그림책 뒤에는 봄꽃을 담은 QR 코드가 있으니 더 많은 봄꽃을 관찰해도 좋겠다.

봉봉쌤의 수업 아이디어

준비물: 롤스케치북, 봄꽃, 색연필, 물감, 사인펜, 모양 펀치, 태블릿 또는 휴대폰

교실에 봄 데려오기

– 모둠을 짜서 롤스케치북에 봄꽃, 색연필, 물감, 사인펜, 모양 펀치 등으로 봄을 표현하는 합동 작품을 만든다.

봄꽃 지도 만들기

– 학교 주변의 봄꽃을 관찰하고 태블릿이나 휴대폰으로 촬영한 후 인쇄해서 롤스케치북에 붙인다.

시화 만들기

– 봄에게 보내는 시를 쓰고 봄꽃 사진을 오려 붙인다.

붕붕 꿀약방: 간질간질 봄이 왔어요

심보영 글·그림

표지부터 봄 내음을 한껏 풍기는 그림책이다. 제목만 읽고 표지를 넘기려고 했다면, 잠시 멈추고 표지에 있는 대상들을 감상하는 시간을 가져 보자. 아이들과 함께 표지에서 보이는 것들을 찾고 봄에 겪었던 일들을 떠올려 보는 것도 좋다.

꿀벌 꿀비가 보내는 모험과 성장의 시간을 따라가다 보면 주어진 하루를 소중하게 보내는 것이 중요하다는 것을 느끼게 된다. 아!《붕붕 꿀약방》은 봄, 여름, 가을, 겨울을 담은 사계절 그림책이니 다른 계절 그림책도 찾아보는 재미를 느껴 보자.

붕붕샘의 수업 아이디어

준비물: 곤충 도감, 인덱스 플래그, 이벤트 약 봉투

깊이 있게 수업하기

– 《붕붕 꿀약방》에 나오는 곤충을 '곤충 도감'에서 찾아본다.

빛나는 문장 찾기

– 그림책을 읽으며 마음에 드는 문장에 인덱스 플래그로 밑줄을 쳐 놓는다.

《붕붕 꿀약방》 열어 친구들 치유해 주기

– 꿀비가 되어 친구의 고민을 해결해 주는 약을 만든다.(검색창에서 약 봉투 검색하기)

– 모두 꿀비가 되어 무작위로 한 친구를 뽑아 고민을 해결해 준다.

만두의 더운 날

윤식이 글·그림

여름이 점점 더워지고 있어서 큰일이다. 날이 얼마나 더운지 그림책에 들어 있는 모든 것이 녹아내리고 있다. 만두뿐만 아니라 아이스크림 그림도 녹고 심지어 제목마저 녹아내리고 있다. 표지만 봐도 뜨거운 열기가 느껴지는데 한여름에 《만두의 더운 날》을 읽어 줘도 괜찮을까? 만두는 더위를 이기지 못하고 버스를 타고 어딘가로 향한다. 지하철 안에는 너무 많은 만두가 모여 있어 보기만 해도 숨이 막힌다.

하지만 뒤에는 시원한 반전이 그려져 있으니 만두가 어디를 가는지 끝까지 따라가 보자. 아이들에게 만두가 어디로 가고 있는지 맞혀 보라고 하면 그림책에 더욱 집중할 것이다.

봉봉쌤의 수업 아이디어

준비물: A4 종이, 필기도구, '아홉 살 느낌 카드: 감각편'

다섯 문장 글쓰기
– 여름에 더웠던 경험을 떠올린다.
– '아홉 살 느낌 카드: 감각편'을 활용해 감각적 표현을 넣어 쓴다.

빙고 게임하기
– 학생들은 여름 하면 떠오르는 음식을 돌아가며 말하고, 교사는 칠판에 여름 음식을 적는다.
– 세 줄 빙고 또는 네 줄 빙고로 빙고 게임을 한다.

뒷이야기 예상해 보기
– 만두가 냉면에 뛰어들기 전까지 읽어 준 후 돌아가며 뒷이야기를 만들어 본다.

헤엄치는 집 | 최덕규 글·그림

여름에는 역시 물속에서 헤엄치는 게 최고의 휴식이 아닐까 생각한다. 표지부터 시원한 느낌이 든다. 헤엄치는 아이 입가에도 미소가 걸려 있다. 더운 여름날 멋진 물놀이를 하고 싶은 여름이의 상상력으로 만들어 낸 환상적인 그림책이다.

수도꼭지에서 출발한 여름이의 상상력이 온 집 안을 어떻게 바꾸는지 한번 보자. 아이들에게는 현실에서 벗어나 상상속으로 떠나는 여행이 자주 필요하다.

붕붕샘의 수업 아이디어

준비물: 도화지, 채색 도구, A4 종이, 필기도구

느낌을 도화지에 표현하기
- 《헤엄치는 집》을 읽고 떠오르는 느낌을 자유롭게 도화지에 그린다.
- 구체적인 그림을 그려도 좋고, 추상적인 느낌을 표현해도 좋다.

주인공에게 하고 싶은 말 적기
- 책에서 주인공이 한 행동들을 떠올리며 주인공에게 하고 싶은 말을 적는다.

즉흥 역할극, 그림책 속 장면 맞히기
- 한 명이, 그림책에 나오는 한 장면을 동작만으로 표현하고, 나머지 친구들이 어떤 장면인지 맞힌다.

수영 팬티

샤를로트 문드리크 글, 올리비에 탈레크 그림

볼 때마다 눈물을 흘리게 만드는 그림책이 있다. 엄마를 잃은 슬픔을 점점 치유해 가는 이야기를 담은 《무릎딱지》라는 작품이다. 《무릎딱지》를 쓴 명콤비가 뭉쳐서 또 하나의 멋진 작품을 만들어 냈다. 《수영 팬티》는 기대했던 여름 방학이지만 부모님과 떨어져 시골집에서 보내야 하는 아이의 출렁거리는 감정을 잘 그려낸 작품이다.

여름 동안 조금씩 성장하는 주인공의 모습을 보고 있으면 더위도 느끼지 못할 만큼 가슴이 벅차오를 것이다.

붕붕샘의 수업 아이디어

준비물: 태블릿, A4 종이, 채색도구

어울리는 음악 고르기

– 《수영 팬티》와 어울리는 음악을 찾아 OST를 만든다.

줄거리 요약하기

– 《수영 팬티》줄거리를 여섯 컷 만화로 요약한다.

주인공이 되어 이야기 만들기

– 《수영 팬티》주인공 미셸이 되어 이야기를 만든다.

노을 수프

문채빈 글·그림

아이들은 놀이와 체육 시간을 기다린다. 학교에서 친구들과 하루 종일 놀 수 있는 운동회는 아이들이 가장 기다리는 순간이다. 일곱 마리 생쥐 형제가 나오는《노을 수프》를 보고 있으면 즐거웠던 운동회 기억이 새록새록 떠오른다. 시원한 바람이 솔솔 불고 단풍이 예쁘게 물든 날, 일곱 마리 생쥐 형제들이 가을 운동회를 하기 위해 마을 운동장으로 향하는 모습이 나오기 때문이다.

그림책에 나오는 달리기, 뜀틀 넘기, 박 터뜨리기, 공굴리기를 꺼내어 학교 운동장에 펼쳐 보면 어떨까?

붕붕샘의 수업 아이디어

준비물: 스크랩북, 호박 바구니, 색종이, 가위, 솜 등

순우리말 낱말 사전 만들기

– 그림책에 나오는 '얄라차'라는 말처럼 순우리말을 찾아서 사전을 만든다.

– 스크랩북의 장면마다 순우리말을 위쪽에 쓰고 가운데는 우리말을 나타낼 수 있는 장면, 아래는 순우리말의 뜻을 적도록 한다.

미니 운동회 열기

– 그림책에 나온 운동회 놀이를 교실에서 미니 운동회로 진행한다.

노을 수프 만들기

– 호박 바구니를 활용해 노을 수프를 만들어 전시한다.

안녕, 가을

케나드 박 글·그림

'안녕' 시리즈로 잘 알려진 케나드 박의 가을 그림책이다. 계절이 바뀔 때 아이들에게 읽어 주면 참 좋다. 늦여름에 집을 나와 자연에서 마주친 모든 것들에게 "잘 가."라고 다정한 인사를 건네는 작품이다. 가을이 다가왔을 때 자연으로 나가 마주치는 것들에게 다음에 다시 만나자고 인사를 건네 보면 어떨지.

드림웍스와 월트디즈니에서 비주얼 아티스트로 일한 작가답게 한 편의 영화를 보는 것 같은 그림책이다.

붕붕샘의 수업 아이디어

준비물: 나뭇잎, 도화지, 채색 도구, 동시 노트(크로키 노트)

교실에 가을 초대하기
– 나뭇잎을 활용해 작품을 만들고 교실 속 가을 전시회를 열어 본다.

가을 그림책 큐레이터 활동
– 가을을 주제로 한 그림책을 도서관에서 한 권씩 찾아온다.

시 쓰기
– 야외에 나가 《안녕, 가을》 문장을 가지고 시를 쓴다.

산타에게 편지가 왔어요

엠마 야렛 글·그림

겨울 하면 가장 먼저 떠오르는 낱말이 있다. '놀이터'처럼 기분을 좋게 만드는 마법의 낱말, '크리스마스'다. 남녀노소를 막론하고 크리스마스는 설레는 날임에 틀림이 없다. 《산타에게 편지가 왔어요》도 크리스마스 이야기를 담은 작품이다. 4학년 아이들과 겨울 그림책 읽기 활동할 때 함께 나누고 싶은 그림책으로 뽑히기도 했다.

이 그림책의 매력은 직접 그림책을 열어 봐야 알게 된다. 플랩북 형식으로 편지가 들어 있어서 꺼내 보는 재미가 있는 작품이다. 재미있는 구성 때문에 초등학생들에게 사랑받는 그림책이다. 크리스마스를 앞두고 보면 더욱 좋다.

붕붕샘의 수업 아이디어

준비물: 신문지, 가위, 풀, 크리스마스 카드
에이미의 편지 추리하기
- 모두 산타가 되어 에이미가 보낸 편지에서 받고 싶은 선물이 무엇일지 피라미드 토론으로 의견을 모은다.
선물 만들기
- 신문지로 에이미에게 줄 선물을 만든다.

- 역할 놀이처럼 친구들 가운데 에이미를 뽑고 나머지 친구들이 선물을 주는 방법도 있다.
받고 싶은 선물 카드 만들기
- 산타에게 받고 싶은 선물을 적은 카드를 만든다.

엄청난 눈

박현민 글·그림

표지만 바라보고 있어도 마음이 새하얘지는 것 같다. 제목 그대로 엄청난 눈이 내렸나 보다. 집을 온통 하얀 눈이 둘러싸고 있다. 아이들에게는 겨울날 최고의 선물이 될 것이다. 눈 내리는 날만큼 아이들 기분을 좋게 만드는 것도 없으니까. 작가는 엄청난 상상력을 보여 준다. 그림책 구성도 일반적으로 넘기는 방식이 아닌 위로 넘기는 방식을 취하고 있다. 엄청난 눈을 치우고 위로 올라온 아이들은 눈싸움을 시작한다.

눈 내리는 겨울에 이 작품을 함께 읽고 눈싸움을 하면 엄청난 날로 기억이 될 것이다.

준비물: 검정 도화지, 오일 파스텔, 화이트 젤펜

상상 글쓰기

– 만약 그림책에 나오는 것처럼 엄청난 눈이 내린다면?

눈 장면 꾸미기

– 검정 도화지와 오일 파스텔로 눈이 엄청 온 장면을 꾸민다.

엄청난 눈 느껴 보기

– 눈이 오는 날 《엄청난 눈》을 읽고 밖으로 나가 '엄청난 눈'을 느껴 본다.

나는 오, 너는 아!

존 케인 글·그림

교실에서 아이들을 만나는 선생님들에게 인기가 많은 그림책이다. 연수에서 만난 선생님들이 아이들과 즐거운 시간을 보낼 수 있게 세 번이나 선물했다. 《나는 오, 너는 아!》는 한 명이 그림책을 읽고, 다른 사람은 그림책을 듣는 방식이 아니라 함께 즐길 수 있는 작품이다. 상호 작용 그림책이라고 해서 인터랙티브 그림책이라고도 불린다.

즐거운 마법의 주문 '나는 오, 너는 아!'를 외치며 다양한 문장을 반복해서 외쳐 보자. 억지로 외우는 것이 아닌, 놀이로 만나는 자연스러운 경험이 소중하다. 아이들과 신나게 놀기도 하고 같은 문장을 반복하며 문해력도 키우면 좋겠다.

붕붕샘의 수업 아이디어

준비물: A4 도화지, 채색 도구

가라사대 놀이
– 《나는 오, 너는 아!》에 나오는 문장으로 가라사대 놀이를 한다.

《나는 오, 너는 아!》 읽어 주기
– 선수단을 뽑아서 반복해서 읽어 본다.

상호 작용 그림책 만들어 보기
– 《나는 오, 너는 아!》와 같은 형식의 그림책을 만들어 본다.

내 똥꼬는 힘이 좋아

류형선 글, 박정섭 그림

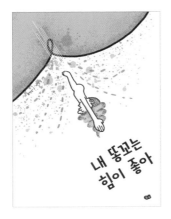

와하하~ 표지부터 너무 재미있다! 똥꼬에서 쑥 빠져나오고 있는 캐릭터를 보자. 아이들이 그림책을 보게 하기 위해서는 일단 재미가 있어야 한다. 저학년 아이들이 좋아하는 소재가 몇 가지 있는데 그중 하나가 '똥'이다. 어떤 친구들은 '똥'이라는 낱말만 나와도 웃음을 멈추지 못한다.

《내 똥꼬는 힘이 좋아》는 국내 최초 국악 동요 그림책으로, 책을 보며 동요까지 부를 수 있다. 그래서 아이들이 책 읽는 시간을 더욱 즐거워한다. 문해력을 키우는 첫걸음은 소리 내어 많이 발음해 보는 것이다. 그림책과 동요의 만남으로 문해력도 키워 보자.

붕붕쌤의 수업 아이디어

준비물: 태블릿 또는 휴대폰, 폼 클레이, A4 도화지, 채색 도구

노래 따라 부르기
– 작품에 나오는 국악 동요를 찾아 따라 불러 본다.

그림 그리고, 뮤직비디오 만들기
① 아이들에게 노랫말을 나눠 준다.
② 각자 맡아서 그릴 노랫말을 선택한다.
③ A4 도화지에 노랫말 가사에 어울리는 그림을 그린다.
④ 그림이 완성되면 노랫말 가사를 적고 스캔한 다음 편집 앱을 활용해 동영상을 만든다.

폼 클레이로 만들어 보는 문장 표현
– 《내 똥꼬는 힘이 좋아》에 나오는 문장 중 마음에 드는 문장을 따라 쓰고 폼 클레이로 표현해 본다.

길어도 너무 긴

강정연 글, 릴리아 그림

여기서 잠깐 퀴즈 타임!

표지에 보이는 동물은 누구일까? 혹시 한 번에 맞힌 분? 만약 보자마자 맞혔다면 엄청난 눈썰미를 가진 분이거나 동물을 사랑하는 분이라고 추측된다. 《길어도 너무 긴》의 주인공은 제목에 힌트가 들어 있다. 코가 긴 동물은? 바로 빨간 코끼리가 주인공이다. 그런데 길어도 너무 길다고? 코끼리의 코가 긴 건 다 알고 있는 사실인데 우리의 상식을 뛰어넘을 정도로 많이 길다. 유쾌하고 재치 있는 이야기를 따라가다 보면 다음 장면이 궁금해져 책으로 빠져드는 모습을 발견하게 될 것이다.

봉봉샘의 수업 아이디어

추측하고 이유 말하기
– 표지에 보이는 동물을 추측하고 그렇게 생각한 이유를 말한다.

제목으로 추측하기
– 제목 '길어도 너무 긴'에서 길다고 하는 것이 무엇인지 추리해 본다.

낭송하기
– 그림책에 나오는 동물들의 역할을 나누어 해당하는 장면을 낭송한다.

옳은손 길들이기 | 이주미 글·그림

가끔 이런 말을 할 때가 있다.

"이건 제가 한 게 아니라 손이 한 거예요."

이 작품에 나오는 주인공도 오른손 때문에 고민이 많다. 어느 날 아이는 화분을 깨뜨린 두려움에 오른손이 했다고 말한다. 오른손에게 착해지는 방법도 알려 주지만 오른손은 정해진 규칙과 방법을 따르지 않고 자신만의 길을 찾아 떠난다. 한글 교육을 할 때도 다른 아이들과 비교하지 말고 각자의 속도와 색으로 자라는 아이들을 믿고 응원해 주면 좋겠다. 눈에 잘 보이진 않지만 아이들은 조금씩 조금씩 자라고 있으니 말이다.

봉봉샘의 수업 아이디어

준비물: A4 도화지, 채색 도구

옳은손 만들기

- 자신의 손을 도화지에 놓고 따라 그린 후 내용을 꾸민다.
- 손 모양 그림을 바탕으로 창의적인 생각을 담는 활동이다.

모험 지도 만들기

- 작품에 나오는 모험 지도를 참고해 내가 떠나고 싶은 모험 지도를 만들어 본다.

연계해서 읽기

- 손과 관련된 다양한 그림책을 함께 읽어 본다.

예) 《나의 손》(푸아드 아지즈 글·그림), 《코끼리 아저씨는 코가 손이래》(고정순 글·그림), 《손으로 말해요》(프란츠 요제프 후아이니크 글, 베레나 발하우스 그림), 《두구두구두구! 손가락 여행을 떠나자!》(이자벨 미뉴스 마르친스 글, 마달레나 마토주 그림)

애벌레빵

쓰보이 주리 글·그림

저학년들 취향을 사로잡을 그림책이다. 귀여움이 넘쳐나는 애벌레빵이 주인공으로 나온다. 오븐 속으로 들어간 애벌레빵은 과연 무엇으로 변하게 될까? 그림책에 담긴 다양한 의성어와 의태어는 아이들이 한글을 자연스럽게 받아들이도록 도와줄 것이다. '포동포동', '조물조물', '말랑말랑', '따끈따끈' 같은 말들을 가지고 나만의 의성어와 의태어 사전도 만들어 보자. 재미있는 말놀이 후에 맛있는 애벌레빵을 만들어 먹어도 좋겠다. 같은 작가의 다른 그림책《앙글방글 케이크》도 추천한다.

붕붕쌤의 수업 아이디어

준비물: 코인 티슈, 계란판, 퐁퐁이, 색깔 하드 바, 스크랩북

애벌레빵 만들기
– 앞면지에 그려진 애벌레빵을 참고해 개성 넘치는 애벌레빵을 만들어 본다.

나만의 표현 사전 만들기
– 《이상한 낱말 사전》(박성우 시, 서현 그림)을 참고한다.

– 《애벌레빵》에 나온 의성어와 의태어로 표현 사전을 만든다.

마지막 장면 추측하기
– 애벌레빵이 마지막에 무슨 빵으로 변할 것 같은지 추측해서 이야기를 나눈다.

말들이 사는 나라

윤여림 글, 최미란 그림

학교에서 아이들과 생활하다 보면 빠지지 않고 지도하게 되는 부분이 언어 사용에 관한 부분이다. 사람들에게 힘을 주는 것도 말이지만 상처를 주는 것도 말이다. 아이들과 지내다 보면 요새 어떤 말이 유행인지, 상호 간에 어떤 말이 오가는지를 관찰할 수 있다. 《말들이 사는 나라》는 말에 관해 아이들과 깊은 이야기를 나눌 수 있는 그림책이다.

그림책을 읽으면서 좋았던 점은 무조건 착한 말만 사용해야 한다는 고정 관념에서 벗어나게 해 준다는 것이었다. 착한 말이든 나쁜 말이든 상황에 맞게 지혜롭게 사용해야 한다는 이야기를 건네주는 그림책을 만나 보자.

봉봉샘의 수업 아이디어

준비물: 나무 장난감 말, A4 종이, 필기도구

장난감 말 만들기
– DIY 세트로 나무 장난감 말을 만들고 꾸민다.

경험을 담은 글쓰기
– 기분 좋았던 말 vs 기분 나빴던 말 등 자신의 경험을 담아 글을 쓴다.

이야기 비틀어 보기
– 나쁜 말들이 없었다면 이야기가 어떻게 흘러갔을지 이야기 나누어 본다.

마음안경점

조시온 글, 이소영 그림

아이들에게 자신이 가진 장점을 찾아 적어 보자고 이야기하면 쉽게 적지 못하고 머뭇거리는 모습을 자주 보게 된다. 아이뿐 아니라 대부분의 사람들은 장점보다 단점을 더 먼저 떠올린다. 남과 비교하지 않고 자신이 가진 아름다움을 유지하는 건 쉬운 일이 아니다. 평소에는 괜찮다가도 어떤 날은 자신이 못나 보이기도 한다.

기운이 없는 날《마음안경점》을 찾아가 보면 어떨까? 자신이 가지고 있는 왜곡된 거울이 아닌 진정한 내 모습을 찾게 도와줄 것이다. 자신을 향한 긍정적인 응원을, 그림책을 통해 만나 보면 좋겠다.

봉봉샘의 수업 아이디어

준비물: A4 도화지, 채색 도구, 3D프린터, 장점 가게 활동지, 필기도구

마음 안경 표현하기
- 내가 생각하는 마음 안경을 그린다.
- 3D 프린터가 있다면 입체 안경으로 만들어도 좋다.

내가 만드는 제목 놀이
- 《마음안경점》의 제목을 마음대로 바꿔 본다.

장점 가게 놀이
- 열 개의 칸이 그려져 있는 장점 가게 활동지를 나누어 준다.
- 자신의 장점을 다섯 개 적은 다음 돌아다니며 친구들이 적은 장점 가운데 사고 싶은 걸 다섯 개 사서 목록을 채운다.
- 자신의 장점 목록을 보고 스스로를 응원하는 쪽지를 쓴다.

걱정 상자

조미자 글·그림

걱정 없는 사람이 있을까? 다른 사람에게 말을 못 할 뿐 우리는 크고 작은 걱정을 안고 살아가고 있다. 걱정과 불안은 평생 우리 마음속에서 함께 가는 감정이다. 영화 〈인사이드 아웃〉에 나온 것처럼 나쁜 감정은 없다. 다만 걱정이 너무 커져 다른 감정이 들어올 틈을 주지 않는다면 문제가 된다. 걱정을 줄이는 가장 좋은 방법은 걱정을 구체적으로 들여다보는 연습을 하는 것이다. 걱정이 무엇인지 알았다면 걱정을 줄이기 위해 행동해 보자. 《걱정 상자》에 나온 도마뱀 주주처럼 말이다.

붕붕샘의 수업 아이디어

준비물: 이미지 카드, 포스트잇, 택배 상자, 인형

이미지 카드와 낱말 카드 짝짓기
- 자신이 요즘 가지고 있는 걱정과 비슷한 느낌이 드는 낱말 카드를 선택한다.
- 걱정이라는 낱말을 들었을 때 떠오르는 이미지 카드를 선택한다.

걱정 목록 만들기
- 선생님이 공부, 진로, 친구 관계, 가족 등 다양한 주제를 미리 안내한다.
- 포스트잇에 걱정을 하나씩 적는다.

시원하게 걱정 날려 버리기
- 걱정 상자를 만들고 자신의 걱정을 적은 종이를 넣어 시원하게 날려 버린다.

걱정 인형 만들기
- 자신의 인형 가운데 걱정 인형을 하나 정하여 가방에 달고 다닌다.

커지고 커지고 커지고

클라우디오 고베티 글, 미켈레 리차르디 그림

유치원을 지나 초등학교에 입학하는 것은 아이들에게 굉장히 큰 사건이다. 어른들은 그 사실을 쉽게 잊어버리지만…. 한 세계를 떠나 새로운 세계로 들어가는 건 두려움과 걱정을 동반하는 일이기도 하다. 《커지고 커지고 커지고》는 새 학기를 맞이해 새로운 친구들을 만나게 된 아이의 마음을 잘 그려낸 작품이다. 새로운 학급에 대한 설렘, 낯선 긴장, 불안 등과 더불어 외로움과 따돌림을 이겨 내는 아이의 모습은 그림책을 보는 이들에게 위안을 준다.

3월 초에 아이들과 함께 읽고 이야기 나누면 학급 생활이 조금은 편하게 느껴지지 않을까?

붕붕샘의 수업 아이디어

준비물: 뜨거운 의자 활동지

주인공 마음에 공감하기

– 뜨거운 의자 활동으로 주인공 마음을 알아본다.
  ① 주인공 모둠과 인터뷰 모둠으로 역할을 나눈다.
  ② 인터뷰 모둠은 주인공 모둠에게 물어보고 싶은 질문을 만든다.
  ③ 주인공 모둠은 의자를 가지고 교실 앞으로 나오고, 인터뷰 모둠은 질문을 한다.
  ④ 주인공 모둠에서 질문에 답할 수 있는 친구가 말을 하고 답에 대해 추가로 질문한다.

마음을 그림으로 표현하기

– 자신의 마음속에서 커지고 있는 생각을 그림으로 그린다.

아빠를 빌려줘

허정윤 글, 조원희 그림

가족을 주제로 다룬 그림책은 아주 많다. 실제로 검색창에 '가족 그림책' 이라고 검색하면 많은 수의 그림책 목록이 뜨는 것을 확인할 수 있다. 《아빠를 빌려줘》는 가족을 주제로 한 그림책이긴 한데 읽고 나면 코끝이 찡해지며 눈시울이 붉어진다. 아이들을 가르치다 보면 다양한 가족 형태를 가진 아이들을 만나게 된다. 5월이 되면 항상 고민이 된다. 가족 그림책은 다른 주제와는 다르게 아이들의 감정과 직접적으로 맞닿아 있으므로…. 처음에는 아빠의 부재를 다룬 그림책을 읽어 주기가 힘들었는데, 지금은 진심을 담아 천천히 읽어 준다.

붕붕쌤의 수업 아이디어

준비물: 태블릿, 편지지, 필기도구

제목에 담긴 뜻 생각해 보기
- 제목에 담긴 뜻이 무엇일지 생각해서 적어 본다.

응원 카드 만들기
- 《아빠를 빌려줘》 주인공에게 건넬 응원 문구를 적어 본다.

- 미리캔버스 또는 파워포인트 등으로 작업해서 실제 카드처럼 만든다.

그림책 작가에게 편지 보내기
- 작가에게 하고 싶은 말을 편지로 쓴다.
- 아이들이 쓴 편지를 모아서 출판사 또는 작가 SNS 계정으로 전달한다.

리시의 다이어리

엘런 델랑어 글, 일라리아 차넬라토 그림

일기를 매개로 할머니와 손녀의 이야기가 펼쳐지는 작품이다. 조부모와 함께 지내는 아이들도 많기에 세대 간의 소통과 공감을 위해서는 부모와의 이야기를 다룬 그림책뿐 아니라 조부모와의 이야기를 다룬 그림책도 자주 읽어 주는 일이 필요하다. 이 작품에서 할머니는 일기에 대해 물어보는 손녀에게 일기가 무엇인지 설명하기보다는 자신이 어렸을 때 쓴 일기를 들려준다.

따뜻한 그림체와 함께 세대 간 격차를 넘어 하나 되는 따뜻함이 느껴지는 작품이다.

봉봉샘의 수업 아이디어

준비물: 다이어리 꾸미기 세트, 색지, A4 종이, 필기도구

앞으로 벌어질 일 상상하기
– 표지를 자세히 살펴보고 앞으로 벌어질 일을 상상하여 적어 본다.

나만의 다이어리 만들기
– 다이어리를 만든 후 하루 일기를 써 본다.

공통점 찾기
– 《리시의 다이어리》와 나만의 다이어리의 공통점을 찾아본다.

토요일 토요일에

오게 모라 글·그림

《할머니의 식탁》으로 '칼데콧 아너 상'과 '에즈라 잭 키츠 상', '코레타 스콧 킹 상'을 동시에 수상하며 이름을 알린 오게 모라의 그림책. 유색 인종을 주인공으로 내세운 그림책들이 많지 않기에 이 작품은 더욱 소중하다. 아이들은 글로 쓰인 것만 배우는 것이 아니라 그림을 보면서도 배우기 때문이다.

《토요일 토요일에》는 일하는 엄마와 엄마가 쉬는 날만 기다리는 딸의 이야기가 펼쳐진다. 엄마와 딸이 서로를 생각하는 시간의 소중함이 잘 나타난 그림책으로, '가족'에 대한 의미를 되새길 수 있다.

봉봉샘의 수업 아이디어

준비물: A4 종이, 필기도구, 사진

엄마와 하고 싶은 일 목록 만들기
- 《토요일 토요일에》 주인공이 된다면 엄마와 하고 싶은 일 목록을 적어 본다.

결말 바꾸기
- 만약 내가 결말 수리사라면 결말을 어떻게 바꾸고 싶은지 써 본다.

('결말 수리사'는 노에미 볼라의 그림책 《끝이라고?》에 나온 말이다.)

사진으로 이야기 만들기
- 자신에게 행복을 주는 사진을 가져와 이야기를 만들어 본다.

엄마 자판기

조경희 글·그림

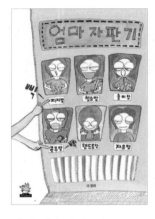

2019년에 1학년 아이들을 가르칠 때 가장 반응이 좋았던 그림책이다. 자판기에서 음료수를 뽑듯 자신이 원하는 엄마를 뽑을 수 있다는 설정에 아이들 반응이 폭발적이었다. 학생 상담 주간에 활용해도 좋은 그림책이다. 그림책을 읽어 주고 원하는 엄마 이야기를 듣다 보면 자연스럽게 가정에서의 모습이 흘러나오기 때문이다. 휴대폰맘을 선택한 아이에게 왜 휴대폰맘을 선택했냐고 물어봤을 때가 떠오른다.

아이의 대답은 다음과 같았다.

"저에게는 휴대폰 못 보게 하고 엄마 혼자만 휴대폰 해서 휴대폰을 많이 보여 주는 휴대폰맘을 뽑았어요.

봉봉샘의 수업 아이디어

준비물: 도화지, 필기도구, 색지, 채색 도구, 가위, 풀 등

내가 선택한 엄마

– 《엄마 자판기》에 나오는 엄마를 선택하고 이유를 적는다.

　(학생 상담과 연결 지어 활용하면 좋다.)

《아빠 자판기》 함께 읽기

– 《엄마 자판기》와 연결 지어 읽어 본다.

내가 원하는 엄마 자판기 만들기

– 인터넷 검색해서 작품들을 살펴본다.

– 준비물을 활용해 입체적으로 꾸민다.

밀가루 학교

쓰카모토 야스시 글·그림

유쾌하고 통쾌하고 맛있는 그림책이다. 저학년들에게 읽어 줬을 때도 반응이 아주 좋았다. 그런데 주의할 점이 하나 있다. 이 그림책을 읽고 나면 배가 몹시 고플 수 있으니 간단한 먹을거리를 준비한 후 책을 읽어 주어야 한다. 《밀가루 학교》에는 밀가루로 만들 수 있는 대부분의 음식이 나온다. 밀가루들도 맛있는 음식이 되기 위해 학교를 다닌다는 설정이 흥미로웠다. 표지 가운데 보이는 밀가루가 선생님이다. 밀가루 학교에 들어간 친구들이 모두 자신이 원하는 음식이 될 수 있을까?

이 그림책은 마지막에 반전이 있으니 눈 크게 뜨고 바라보기 바란다.

붕붕쌤의 수업 아이디어

준비물: A4 종이, 밀가루, 필기도구, 포스트잇

등장할 음식 추측하기

– 그림책을 읽기 전, 밀가루 학교에 등장할 음식을 추측해서 적어 본다.

띠빙고 놀이하기

– 밀가루 음식으로 띠빙고 놀이를 한다.

① A4 종이를 세 번 접어서 여덟 칸으로 만든다.

② 포스트잇에 밀가루로 만든 음식 이름을 적어 한 칸에 하나씩 여덟 개의 칸에 무작위로 붙인다.

③ 돌아가면서 음식 이름을 부른다. 부른 음식이 맨 위 칸과 아래 칸에 있을 경우에만 포스트잇을 떼어 낸다.

《밀가루 학교》에 나온 음식 만들기

– 쿠키, 라면, 피자 등을 만들어 본다.

팔팔 어묵탕

훙훙 글·그림

추운 겨울에는 뜨끈한 어묵탕과 붕어빵이 최고다. 어렸을 때 길거리에서 붕어빵과 어묵을 먹었던 기억이 새록새록 떠오른다. 《팔팔 어묵탕》은 추운 겨울에 아이들과 둘러앉아 읽어 주면 참 좋은 그림책이다. 그림책을 읽은 후 어묵탕을 함께 끓여 먹으면 아이들에게 평생 잊지 못할 즐거운 추억이 될 것이다. 어묵탕 만들 상황이 안 된다면 색지와 나무젓가락을 활용해 '팔팔 어묵탕'

을 만들어 보면 어떨까.

붕붕쌤의 수업 아이디어

준비물: 색지, 도화지, 나무젓가락, 가위, 테이프, 솜

음식 놀이하기

– 면지를 참고하여 어묵탕을 만들어 본다.

역할 놀이하기

– 《팔팔 어묵탕》을 연극 대본으로 바꾸어 역할 놀이를 한다.

짝 그림책 찾기

– 도서관에서 음식과 관련한 그림책을 찾아 읽은 후 《팔팔 어묵탕》과 가장 어울리는 그림책을 뽑는다.

나는 빵점!

한라경 글, 정인하 그림

'빵'을 주제로 한 그림책들을 떠올려 보면 바로 생각나는 것만도 다섯 개가 넘는다. 빵 관련 그림책 중 이번에 소개할 그림책은 《나는 빵점!》이라는 책이다. 표지에 그려진 다양한 빵들을 살펴보자. 모두 맛있게 생겼다. 빵을 좋아하는 나로서는 빵 그림책이 참 괴롭다. 그런데 가운데 그려진 식빵의 눈에 눈물이 맺혀 있다. 무슨 일이 생긴 걸까? 맛있는 음식이 담긴 그림책이지만 그 속에 담긴 의미는 꽤 깊다. 빵 그림책을 통해 아이들과 자존감에 관해서도 이야기 나눠 보자.

붕붕샘의 수업 아이디어

준비물: 아이클레이, 채색 도구, 광목천 또는 택배 상자

빵과 관련된 이야기 만들기
- 가장 사랑하는 빵 세 가지를 적고 빵과 관련된 이야기를 만들어 본다.

아이클레이로 빵 만들기
- 아이클레이로 내가 좋아하는 빵을 만들고 이름, 나이, 성격, 특징을 붙여 준다.

메뉴판 만들기
- 실제 음식점 메뉴판을 살펴본다.
- 실제 메뉴판을 참고하여 '나만의 메뉴판'을 만든다.(광목천이나 택배 상자 활용)

밥이 최고야

김난지 글, 최나미 그림

우리가 먹는 밥에 관해 생각해 본 적이 있는지? 매 순간 함께 있는 것들은 오히려 존재한다는 사실을 잘 기억하지 못하고 넘어갈 때가 많다. 매일 먹는 밥도 그렇다. 밥의 소중함을 알리기 위해 '최고야' 시리즈 중 하나인 《밥이 최고야》를 소개한다.

목욕하는 날을 맞아 쌀, 보리, 조, 콩, 팥, 메밀, 수수, 찹쌀 등 다양한 곡식들이 목욕탕에 모인다. 목욕탕에서 벌어지는 일을 보고 있자면 입가에 슬며시 웃음이 감돈다. 마치 우리가 사는 모습 같기 때문이다. 그런데 목욕탕은 과연 어디일까? 앞으로 이들의 운명이 과연 어떻게 될지 궁금해진다.

붕붕샘의 수업 아이디어

준비물: 태블릿 또는 휴대폰, 플레이콘

노래 부르기
- 국악 동요 '밥송-맛없는 밥은 없어'를 검색해서 모두 함께 부른다.

예상해 보기
- 《밥이 최고야》에서 다양한 곡식들이 가는 곳이 어딘지 돌아가며 말해 본다.

장면 만들기
- 플레이콘으로 《밥이 최고야》의 장면들을 만들어 본다.

남자아이 여자아이

조아나 에스트렐라 글·그림

성 평등 교육은 학교 교육 안에서 자연스럽게 이루어져야 하는 부분이다. 짧은 몇 시간의 교육으로 끝나는 것이 아니라 학교 문화와 학급 문화에 성 평등 의식이 흘러들어야 하는 것이다. 조금은 쉽게 성 평등 교육에 다가가는 방법 중 하나가 그림책을 활용한 수업이라고 생각한다.

이 작품은 성에 대해 가지고 있던 고정 관념과 편견을 깨부순다. 그림책을 읽고 나면 알게 모르게 남자와 여자로 나누어 생각한 부분이 많다는 것을 느끼게 될 것이다. 남자와 여자라는 고정된 틀이 중요한 것이 아니라 참된 나다움을 찾는 것이 중요한 시대라는 생각이 든다.

붕붕샘의 수업 아이디어

준비물: 노트, 필기도구

이름 도장 만들기
– 유튜브 영상을 보고 길벗체에 대해 알아본다.(www.youtube.com/watch?v=aYw H_D65pvA)
– 길벗체로 자신의 이름 도장을 만든다.

질문 노트 만들기
– 《남자아이 여자아이》에 나오는 질문을 모아 질문 노트를 만들고 대답을 적는다.

고정 관념 토론하기
– "남자가 소심하게" "여자가 조심성 없이" 같은, 무의식적으로 사용하는 남자다움과 여자다움에 대한 고정 관념을 찾아 정리하고 토론한다.

메리는 입고 싶은 옷을 입어요

키스 네글리 글·그림

《메리는 입고 싶은 옷을 입어요》에 나오는 문장이 떠오른다. "나는 남자 옷을 입지 않았습니다. 내 옷을 입었을 뿐입니다."

유럽과 미국에서는 여자가 바지를 입는 것이 금지된 시대가 있었다고 한다. 19세기만 해도 여성이 바지를 입는 것은 상상하기도 어려웠다니 그리 오래되지도 않은 일이다. 이 책에 나오는 메리는 1832년에 미국에서 태어난 실제 인물이다. 본명은 메리 에드워즈 워커로 다른 사람들에 비해 성 평등 문제에 깊은 관심을 가지고 있었다고 한다.

겉모습만 보고 차별하고 편견을 갖지 않는 시대가 오기를 바란다. 그런 사회가 결국은 함께 살아가기 좋은 사회일 테니 말이다.

붕붕샘의 수업 아이디어

준비물: 태블릿 또는 휴대폰

한 걸음 더 들어가기

– 인터넷을 검색해서 메리 에드워즈 워커에 대해 더 알아본다.

관련 있는 그림책 읽기

– 《분홍 모자》(앤드루 조이너 글·그림)를 함께 읽고 '푸시햇 운동'에 대해 조사한다.

깊이 이해하기

– 월드 카페 토론으로 《메리는 입고 싶은 옷을 입어요》를 좀 더 깊이 이해해 본다.

① 학생 수에 따라 질문을 몇 가지 정하고 질문별로 호스트를 배치한다.

② 호스트는 자리를 이동하지 않고, 나머지 사람들만 자리를 이동하면서 각 질문에 대해 다양한 의견을 나눈다.

어떤 하루	장순녀 글·그림

남자는 이래야 하고, 여자는 저래야 한다는 고정 관념을 부드럽게 깨뜨리는 그림책이다. 하루는 남자 하마지만 힘을 세게 만드는 운동보다는 춤추는 걸 더 사랑하는 하마다. 감수성이 풍부하고 섬세한 감성을 가진 남자인 것이다. 하루의 부모님은 그런 하루를 이해하지 못하고 체육관에 보내 운동을 시킨다.

하루는 자신이 좋아하는 춤을 다시 출 수 있을까? 하루 부모님은 하루의 마음을 이해하고 하루가 좋아하는 것을 할 수 있도록 지원해 줄까? 자신이 좋아하는 것을 찾아가는 하루의 이야기를 만나 보면 좋겠다.

봉봉샘의 수업 아이디어

준비물: 포스트잇, 원마커, 필기도구

하루의 입장에 대해 가치 수직선 토론하기

(가치 수직선 토론은 어떤 주제를 줬을 때, 자신이 그 의견에 동의하는 정도에 따라 1점에서 10점까지 점수를 매기는 활동이다.)

– 하루의 입장에 대해 동의하면 10점, 동의하지 않으면 1점에 가깝게 포스트잇에 점수를 적고, 이유도 적는다.

– 칠판에 점수 순으로 포스트잇을 붙인다.

– 10점에서 1점 순으로 서로 질문한다.

– 토론 중에 생각이 바뀐 사람은 점수를 다시 적고, 이유를 설명한다.

릴레이 질문으로 《어떤 하루》 읽어 내기

– 각자 그림책을 읽으면서 궁금했던 점 한 가지를 적고, 나머지 친구들은 그 질문에 대해 답을 적는다.

야, 그거 내 공이야!

조 갬블 글·그림

《야, 그거 내 공이야!》를 예전에 봤던 분이라면 고개를 갸웃거릴지도 모르겠다. 2018년에 나왔던 그림책이 2021년 개정되면서 표지가 바뀌어 나왔기 때문이다. 예전 표지도 좋았는데 역동적인 이번 표지가 조금 더 마음에 든다.

여자들이 축구 하는 예능 프로그램을 보면 바뀌어 가는 사회 분위기가 느껴져 기분이 좋다.

남녀노소 가릴 것 없이 축구를 즐기는 모습이 담긴 그림책을 보면 축구는 남자만 하는 운동이라고 생각했던 사람들의 인식도 확장되지 않을까?

붕붕샘의 수업 아이디어

준비물: 태블릿 또는 휴대폰, 축구공

선풍기 토론하기

(선풍기 토론은 선풍기처럼 돌아가며 여러 친구들과 의견을 주고받을 수 있는 토론이다.)

- 《야, 그거 내 공이야!》를 읽고 토론 주제를 정한다.
- 무작위로 찬성, 반대 모둠으로 나누어 안쪽에는 찬성 모둠이, 바깥쪽에는 반대 모둠이 마주 보고 둥글게 앉는다.
- 마주 보고 있는 친구와 2~3분 토론한 다음 바깥쪽에 앉은 모둠이, 오른쪽으로 한 칸씩 옮겨서 다시 토론한다.

축구 게임 하기

- 모두 함께 어울려 신나게 축구를 한다.

고정 관념 깨뜨리기

- 여자 축구 선수들을 다룬 기사와 영상을 찾아서 활약상을 살펴본다.

연이와 버들도령

백희나 글·그림

《연이와 버들도령》은 굉장히 두텁고 판형은 세로보다 가로가 훨씬 긴 그림책이다. 옛이야기를 새롭게 그려낸 작품으로, 계모 설화의 한 유형이다.

계모가 의붓딸 연이를 못살게 굴고 추운 겨울에 나물을 해 오라고 내쫓는데 신비한 능력을 가진 도령을 만나 시련을 극복한다는 이야기를 담고 있다. 이 책에서 한 가지 주목할 점은 연이를 못살게 구는 여자를 '계모'라고 표현하지 않고 '늙은 여자'라고 표현한 점이다. 그림책을 읽어 준 후 그 부분에 대해 이야기를 나눠 봐도 좋겠다.

붕붕샘의 수업 아이디어

어휘 생각해 보기
– 왜 '계모'를 '늙은 여자'라는 낱말로 바꿨을지 생각을 나누어 본다.

책 속으로 들어가 보기
– 책 속으로 들어갈 수 있다면 누구를 만나 보고 싶은지 이야기 나눈다.

내용 요약하기
– 《연이와 버들도령》에서 핵심 낱말을 찾고, 그 낱말로 내용을 요약한다.

잘만 삼형제 방랑기

신동근 글·그림

《잘만 3형제 방랑기》도 옛이야기를 맛있게 버무린 그림책이다. 형제가 특별한 능력을 가지고 있다는 설정은 우리나라뿐 아니라 아프리카 옛이야기에서도 찾을 수 있다. 아프리카 가나 지역에서 전해져 오는 '거미 아난시' 이야기 역시 특수한 능력을 가진 여섯 형제가 아버지를 구하면서 벌어지는 일을 다루고 있다.

《잘만 3형제 방랑기》는 잘만보니, 잘만뛰니, 잘만쏘니 3형제가 주어진 시련을 해결해 가는 과정을 그려내고 있다. 만화를 보는 것 같은 그림과 말풍선이 읽는 재미를 더해 준다.

붕붕샘의 수업 아이디어

준비물: A4 종이, 필기도구
비슷한 옛이야기 함께 읽기
– 《잘만 3형제 방랑기》와 비슷한 내용의 그림책을 찾아서 읽는다.
  예) 《거미 아난시》, 《재주 많은 오형제》
캐릭터 선택하기
– 《잘만 3형제 방랑기》에서 마음에 드는 캐릭터를 골라 본다.

– 잘만쏘니, 잘만보니, 잘만뛰니 가운데 누구한테 한 표를 줄 것인지와 그 이유를 적는다.
모둠 인터뷰로 인터뷰하기
– 《잘만 3형제 방랑기》에서 인터뷰할 인물을 고른다.
– 인터뷰할 질문을 만든다.
– 모둠 인터뷰를 진행한다.

이랴! 이랴?

김장성 글, 양순옥 그림

한 편의 영화를 보는 것 같은 긴장감, 표정의 디테일이 살아 있는 인물들, 건방진 말과 조용한 여자의 한판 대결을 보고 싶다면《이랴! 이랴?》가 여러분의 기대를 100퍼센트 충족시켜 줄 것이다. 이 작품은 사람들이 왜 소나 말에게 "이랴, 이랴!" 하는지에 대한 심도 깊은 고찰을 보여 준다. 그림책 중간 중간 터져 나오는 작가의 재치 있는 글을 보고 있자면 깔깔 웃음이 터져 나오는 작품이다. 참고로《이랴! 이랴?》는 강원도 지방에서 구전되어 오는 민담을 가지고 만들었다고 한다.

붕붕샘의 수업 아이디어

준비물: 육각 보드, 미농지, 네임펜, OHP 필름, 라인 클레이, 유성 매직

제목 생각해 보기

– 제목에 얽힌 이야기를 추측해서 육각 보드에 적어 본다.

즉흥 역할극 하기

–《이랴! 이랴?》에 나오는 한 장면으로 역할극을 한다.

장면 따라 그려 보기

– 가장 재미있는 장면을 골라 미농지로 덮고 따라 그려 본다.

(미농지에 네임펜으로 그려도 되고, OHP 필름에 라인클레이로 선을 만들고 유성 매직으로 칠해도 된다.)

괴물들이 사는 궁궐

무돌 글·그림

앞에서 말했듯 저학년 아이들에게 무조건 통하는 주제가 '똥'이다. 이번에 아이들이 좋아하는 주제를 하나 더 소개한다. 바로 '괴물'이 등장하는 그림책이다. 그림책에 통 집중을 못 하는 아이들도 '괴물' 이야기가 나오면 집중도가 높아지는 모습을 목격할 수 있다. 《괴물들이 사는 궁궐》은 신비한 능력을 가진 괴물들이 궁궐 안에 살고 있다는 설정에서 시작된다. 백악산 아래 궁궐을 짓고 괴물들을 초대했는데 이때 초대받지 못한 괴물 두억시니가 나쁜 요괴들을 이끌고 궁궐로 들어가며 벌어지는 일을 실감 나게 그려낸다.

우리나라에 살고 있던 다양한 괴물과 요괴들을 만나고 싶다면 《괴물들이 사는 궁궐》로 들어가 보자.

봉봉샘의 수업 아이디어

준비물: 스크랩북, 도화지, 채색 도구, 레고

우리나라 전통 괴물 조사하기
- 《괴물들이 사는 궁궐》에 나오는 전통 괴물을 조사한다.
- 우리나라 전통 괴물 사전을 만든다.

두억시니의 입장에서 생각해 보기
- 두억시니는 왜 궁궐에 들어와 모든 것을

망치려고 했는지 생각해서 적어 본다.

전통 괴물로 우리 집 지키기
- 우리 집을 도화지에 그리거나 레고로 만든다.
- 인터넷에서 전통 괴물 사진을 찾아 인쇄해서 붙인다.

| 나는 기다립니다… | 다비드 칼리 글, 세르주 블로크 그림 |

빨간 실을 가지고 전체적인 흐름을 이끌어 가는 《나는 기다립니다…》는 많은 사랑을 받은 작품이다. 빨간 실을 가지고 이야기를 연결시키는 작가의 상상력에 감탄이 절로 나온다. 그림책 창작할 때 처음부터 완전한 이야기를 만들어야 한다는 부담을 내려놓고 접근하면 좋겠다. 《나는 기다립니다…》를 보고 아이들과 한 장면씩 이야기를 만들어 학급 그림책으로 만들어 보는 것도 창작의 첫걸음이 될 것이다.

붕붕샘의 수업 아이디어

준비물: A4 종이, 필기도구, 빨간색 털실, 스크랩북

한 장면 원 토크 하기
– 마음에 들어온 한 장면을 골라 원을 만들어 앉아 돌아가며 이야기한다.

내가 기다리고 있는 것 적어 보기
– 연꽃 기법으로 자신이 기다리고 있는 것을 적어 본다.

(연꽃 기법은 연꽃과 같은 모양으로 상상을 뻗어 나가며 생각을 정리하는 방법이다.)

그림책 창작하기
– 빨간색 털실로 스크랩북에 마음껏 표현한다.

나, 비뚤어질 거야!

허은실 글, 조원희 그림

폭발하는 아이 감정을 제대로 보여 주는 그림책이다. 아이도 자신이 하고 싶은 대로 할 권리가 있다. 착한 아이일수록 부모의 기대에 어긋나지 않기 위해 자신의 욕구를 누르는 경우가 많다. 그런 아이들에게 이 작품을 통해 알려 주고 싶다. 자신의 마음을 드러내도 된다고, 조금은 비뚤어져도 된다고, 그렇게 커 가는 거라고….

이 책을 함께 읽은 후 자신의 감정을 담은 그림책을 만들어 보면 좋겠다. 친구들이 쓰고 그린 다양한 상황을 마주하면서 억눌려 있던 감정들을 해소할 수 있을 것이다.

붕붕샘의 수업 아이디어

준비물: 지우개 지우기 활동지, 도화지, 채색 도구

읽기 전 활동 -지우개 지우기 놀이

- 선생님이 표를 만들어 그림책에 나오는 낱말과 그림책에 나오지 않는 낱말을 섞어 넣는다.
- 아이들은 그림책을 읽기 전에 앞표지, 뒤표지만 살펴본 다음, 책에 나오지 않을 것 같은 낱말에 동그라미를 치고 왜 그렇게 생각했는지 이야기한다.
- 친구의 의견을 듣고 난 뒤에 생각이 바뀐 아이들은 수정할 시간을 준다.

제목 줄이기

- '나, 비뚤어질 거야!'를 다섯 글자로 표현해 본다.

학급 창작 그림책 만들기

- 비뚤어지고 싶었던 경험을 담아 왼쪽에는 그림, 오른쪽에는 상황을 글로 적는다.

보통의 마시멜로　　로우보트 왓킨스 글·그림

그림책 창작은 꼭 종이에 그려서 표현해야만 하는 것은 아니다. 입체적인 캐릭터를 만들고 사진으로 촬영해서 장면을 만들어도 멋진 작품이 나온다. 이 작품을 보면서 다양한 방식으로 그림책을 만들어 보면 좋겠다.

보통의 마시멜로는 꿈을 꾸지 않지만 특별한 마시멜로 몇몇은 비밀을 알고 있다. 자기에게 솔직하다면 원하는 것을 모두 이룰 수 있는 마시멜로가 될 수 있다는 것을. 꿈을 꾸고 꿈을 이루기 위해 걸어가는 마시멜로의 삶을 따라가 보자.

붕붕샘의 수업 아이디어

준비물: 마시멜로, 꼬치, 초코펜

책 제목 맞히기
– 표지에서 '마시멜로'를 가리고 책 제목을 맞혀 본다.

이야기 만들어 보기
– 선생님이 몇 장면을 스캔 받아 편집 프로그램으로 글을 가리고 인쇄해서 나누어 준다.

– 아이들은 그림만 보고 이야기를 만들어 본다.

나만의 마시멜로 만들기
– 초코펜으로 마시멜로를 꾸며서 꼬치에 끼운다.

나는요,

김희경 글·그림

　　자신이 누구인지에 대해 생각해 본 적이 있는가? 자신이 어떤 특성을 가지고 있고 무엇을 좋아하고 싫어하는지에 대해 생각해 볼 시간이 필요하다. 자신을 알아 가는 과정은 다른 사람의 말에 휘둘리지 않고 주체적인 삶을 살아가는 데 꼭 필요하니까.《나는요,》는 내 안의 다양한 특성들을 동물들에 빗대어 표현한다. 그래서 아이들도 쉽게 자신에 대해 생각해 볼 수 있다.

　《나는요,》는 정확하게 내가 어떤 특성을 가진 사람이라고 말하는 것이 아니라 나는 다양한 특성을 가진 사람이라는 걸 알려 준다. 이 책을 읽고 아이들과 함께 자신의 마음속에 살고 있는 다양한 동물들을 찾아보자. 하나의 동물이 아닌 다양한 동물들을 떠올리며 '나를 찾는 여행' 그림책을 만들어도 좋겠다.

붕붕샘의 수업 아이디어

준비물: 동시 노트, 필기도구

나와 닮은 동물 찾기

– 《나는요,》에 나오는 동물 가운데 나와 닮은 동물을 찾아 무엇이, 어떻게 닮았는지 발표한다.

선생님이 읽어 주기

– 선생님이 《내 안에는 사자가 있어, 너는?》(가브리엘레 클리마 글, 자코모 아그넬로 모디카 그림)과 《나랑 자고 가요》(김영숙 엮음)에 나오는 '나는요' 부분을 읽어 준다.

시 쓰기

– 《나는요,》를 주제로 노트에 시를 쓴다.

하이파이브 | 아담 루빈 글, 다니엘 살미에리 그림

사람들과 하이파이브를 하고 나면 왠지 더 친해진 것 같고 기분이 좋아진다. 손과 손을 마주칠 때 일어나는 스파크가 감정에도 영향을 준다. 이 작품은 읽어 가면서 행동하는 그림책이다. 듣기만 하는 수동적 입장에서 벗어나 능동적으로 활동할 수 있어서 아이들이 굉장히 좋아하는 그림책이기도 하다.

하이파이브 대회에 출전하며 만나는 다양한 동물들과 신나게 하이파이브를 해 보자. 손을 부딪치고 나면 기분이 정말 상쾌해진다.

자, 즐거울 준비 됐나요?

붕붕샘의 수업 아이디어

준비물: 태블릿 또는 휴대폰

율동하기

– 다음 동영상에 따라 하이파이브 노래를 부르며 율동을 곁들인다.
(blog.naver.com/wisdomhouse7/222492621542)

제목 맞히기

– 표지를 보고 제목을 추측해 본다.

하이파이브 대회 열기

– 저마다 독특하고 창의적인 하이파이브를 만들어 겨뤄 본다.

이건 책이 아닙니다

장 줄리앙 글·그림

　　제목부터 강렬함이 느껴지는 그림책이다. 쓰고, 그린 이는 프랑스의 유명한 일러스트레이터인 장 줄리앙이다. 분명히 책이 맞는데 책이 아니라니 이게 무슨 말일까? 이 책은 보드북 형태여서 이리저리 만지고 놀기 좋게 되어 있다. 아마 실컷 만져 보라는 작가의 의도가 담겨 있는 것 같다.

　　책을 펼치면 "이건 책이 아닙니다."라는 말이 무슨 뜻인지 바로 알 수 있다. 겉표지만 책의 형태를 띠고 있지 속은 노트북, 피아노 등 다양한 물건으로 변신하기 때문이다.

봉봉샘의 수업 아이디어

준비물: 8절 도화지, 채색 도구

내가 뽑은 최고의 장면 세 가지
– 내 마음에 들어온, 책이 아닌 장면 세 가지를 고르고 그 이유를 발표한다.

익숙한 물건 낯설게 이름 짓기
– 마르셀 뒤샹의 '샘'과 연관 지어 주변의 익숙한 물건에 낯선 이름을 붙여 본다.

창작 그림책 만들기
– 《이건 책이 아닙니다》를 참고하여 장면을 구성한다.
– 도화지로 창작 그림책을 만들어 본다.

변신 요가

홍미령 글·그림

손을 번쩍 치켜들고 있는 꼬마 죽순 꼬죽이의 표정을 보자. 먼 길 떠나는 모습에 비장함이 담겨 있다. 꼬죽이에게 무슨 일이 생긴 걸까? 《변신 요가》의 하이라이트는 겉싸개다. 무심코 겉싸개를 버리거나 살펴보지 않고 넘어가는 경우도 있는데 그러면 절대 안 된다. 겉싸개 안쪽에 요가 비법이 담겨 있기 때문이다. 꼬죽이가 판다에게 잡혀간 친구들을 구하기 위해 배우는 동작들이다. 그림책을 읽은 후 변신 요가 동작을 따라 해 보며 그림책 놀이를 하면 좋겠다.

봉봉샘의 수업 아이디어

문장 완성하기
– 변신 요가는 (   )이다. 왜냐하면 (   )이기 때문이다.

역할극 놀이하기
– 그림책 내용을 역할극 대본으로 바꿔 역할극을 해 본다.
– 역할극에 들어가기 전, 그림책 겉싸개에 담긴 요가 동작들을 배워 본다.

나만의 변신 요가 만들기
– 《변신 요가》에 나오는 동작을 따라 하면서 나만의 동작을 만들어 본다.

박수 준비! | 마달레나 마토소 글·그림

신나게 박수 칠 준비를 하자. 보통 그림책이 조심하면서 책을 넘기는 데 반해 이 작품은 전혀 그럴 필요가 없다. 책을 접었다 펼치면 양쪽에 있는 그림들이 만나서 재미있는 모습을 연출하기 때문이다. 몸을 움직이며 신나게 읽을 수 있는 놀이 그림책이다.

첫 장면을 펼치면 심벌즈가 '챙~' 하고 울리며 그림책에 들어온 우리를 환영해 준다. 아이들과 놀고 싶을 때《박수 준비》를 펼치고 스트레스를 모두 날려 버리자.

봉봉쌤의 수업 아이디어

준비물: 도화지, 채색 도구

동작하며 그림책 읽기
– 《박수 준비》에 나오는 동작들을 따라 하며 큰 소리로 그림책을 읽는다.

나만의 박수 동작 만들기
– 도화지, 사인펜, 색연필 등으로 데칼코마니 기법을 활용해 나만의 박수 동작 장면을 만든다.

몸동작 텔레파시 놀이하기
– 등을 마주 대고 있다가 선생님이 신호를 보내면 왼쪽 또는 오른쪽으로 돌아 박수를 친다.

용감한 몰리

브룩 보인턴-휴즈 글·그림

《용감한 몰리》는 사일런트북이라고 일컬어지는, 글자 없는 그림책이다. 글자가 없기 때문에 읽어 주는 입장에서 조금 부담이 되기도 한다. 글로 책을 읽는 일에 익숙한 어른 눈에는 무엇을 어떻게 전달해 줘야 할지 고민이 되기 때문이다. 하지만 그림책을 읽어 주려고 노력할 필요가 없다. 아이들은 스스로 이야기를 만들어 나가며 즐거움을 찾을 테니 말이다.

친구와 관계 맺기에 어려움을 느끼는 몰리는 나름대로의 방법을 찾아낸다. 몰리가 친구를 사귀기 위한 용기를 낼 수 있을지, 어떤 방식으로 해결해 나갈지 그림을 보며 각자의 이야기를 만들어 보면 좋겠다.

붕붕쌤의 수업 아이디어

준비물: 편지지, 필기도구, A4 종이

내가 《용감한 몰리》의 글 작가라면?
- 컬러 복사한 그림책 장면에 자신이 만든 이야기를 쓴다.

몰리에게 편지 쓰기
- 몰리에게 해 주고 싶은 말을 편지 형식으로 적어 본다.

책 띠지 만들기
- 《용감한 몰리》를 소개하는 문구를 적어 본다.
- 소개 문구를 눈에 잘 띄게 띠지에 쓰고 꾸민다.

별 만드는 사람들

곽수진 글·그림

2019 '볼로냐 사일런트북' 대상 수상작으로, 《비에도 지지 않고》와 《도망가자》로 잘 알려져 있는 곽수진 작가의 그림책이다. 사일런트북은 성별, 나이, 언어에 얽매이지 않고 자유롭게 자신의 생각을 풀어낼 수 있는 이야기 주머니다. 정답에 대한 부담 없이 나만의 이야기를 그려 가다 보면 잠들어 있는 상상력이 조금씩 깨어날 것이다.

밤하늘에 떠 있는 별에 관한 새로우면서도 감동적인 이야기 속으로 들어가 보자.

붕붕샘의 수업 아이디어

준비물: 미농지, 택배 상자, 별 모양 포스트잇, 코팅 종이

말풍선 만들기
– 장면마다 미농지를 덮고 대사를 넣은 말풍선을 만든다.

별 만들기
– 택배 상자를 재활용해서 나만의 별을 만든다.

소원 모빌 만들기
– 포스트잇에 적고, 코팅해서 모빌처럼 꾸민다.

눈 깜짝할 사이

호무라 히로시 글, 사카이 고마코 그림

눈 깜짝할 사이

시간의 공백에 대해 생각해 볼 수 있는 그림책 한 권을 소개한다. 제목부터가 의미심장하다. '눈 깜짝할 사이'는 무엇을 의미하는 걸까? 눈을 감은 소녀의 얼굴이 잊히지 않고 잔상으로 계속 남는다. 사람의 일생은 긴 것 같으면서도 의식하지 않으면 순식간에 지나가고 만다. 우주의 시간에 비하면 사람이 살아 있는 시간은 찰나에 불과할 것이다.

길지 않은 문장과 그림이 반복되면서 표현되는 그림책의 구성은 어찌 보면 단순해 보이지만, 한 편의 시를 보는 것 같은 장면에서 한 번뿐인 삶을 어떻게 살면 좋을지 깊이 생각하게 만드는 작품이다.

붕붕샘의 수업 아이디어

준비물: A4 종이, 필기도구, 가치 카드

마인드맵으로 나타내기
– 표지를 보고 떠오르는 생각을 마인드맵으로 그려 본다.

작가 생각 유추하기
– 그림책 작가가 하고 싶은 말이 무엇인지 유추해서 적어 본다.

가장 소중한 가치 찾기
– 가치 카드에서 자신에게 가장 소중한 가치를 찾아 다른 친구들과 토의한다.

사샤의 돌 에런 베커 글·그림

'여행' 시리즈로 유명한 에런 베커는 그동안 《머나먼 여행》을 시작으로 《비밀의 문》, 《끝없는 여행》에서 글 없는 그림책의 힘을 잘 보여 줬다. 실제로 에런 베커의 '여행 3부작'은 미국에서 가장 많은 꼬마 작가를 탄생시키기도 했다. 현실의 법칙이 무너지고 환상의 세상으로 들어가서 벌어지는 일들은 아이들의 모험심과 상상력을 자극하기에 아주 좋은 소재다. 《사샤의 돌》역시 글 없는 그림책으로, 사랑하는 강아지를 잃어버린 소녀의 슬픔을 그림만으로 잘 표현하고 있다. 《사샤의 돌》을 통해 삶이 들려주는 소중한 이야기에 귀를 기울여 보자.

붕붕샘의 수업 아이디어

준비물: 동시집, A4 종이, 필기도구

글 없는 그림책 작품들 이어 읽기
– 에런 베커의 글 없는 그림책들을 찾아 이어서 읽는다.

시 찾아 공유하기
– 동시집에서 《사샤의 돌》과 어울리는 시들을 찾아 친구들에게 소개한다.

평론가 되어 보기
– 《사샤의 돌》의 평점 매기고 평론 글을 써 본다.

엠마	웬디 케셀만 글, 바바라 쿠니 그림

그림책은 활용 범위가 참 다양하다. 그림책 속의 이야기로만 끝나는 것이 아니라 그림책을 통해 예술로 확장시킬 수도 있기 때문이다. 화가의 삶과 그림책을 연결하는 작업은 아이들에게 새로운 재미를 준다. 그림책 수업이 실제 삶과 연결되어 있다는 느낌은 아이들이 그림책 세계를 더욱 사랑하게 만드는 하나의 방법이기도 하다.

《엠마》에 나오는 할머니는 실제 인물인 엠마 스턴을 모델로 하고 있다. 일흔두 살에 그림을 그리기 시작한 엠마 스턴의 모습을 보면서 자신이 좋아하는 일을 찾는 것은 나이와 상관없다는 메시지를 받게 된다. 그림책에 나오는 엠마의 이야기와 더불어 애나 메리 로버트슨 모지스, 로즈 와일리의 이야기도 함께 곁들이면 더욱 풍성한 이야기가 되지 않을까 생각한다.

붕붕샘의 수업 아이디어

준비물: 캔바, 태블릿, A4 종이, 필기도구
카드 뉴스 만들기
– 미리캔버스, 캔바, 파워포인트를 활용해 《엠마》를 소개하는 카드 뉴스를 만든다.

다른 작품 함께 감상하기
– 모지스, 로즈 와일리 작품을 찾아 함께 감상한다.
꼭 하고 싶은 일에 도전하기
– 자신이 꼭 하고 싶은 일을 순서에 따라 적고 한 달 동안 도전한다.

울타리 너머

마리아 굴레메토바 글·그림

이 작품은 소소와 안다, 산들이가 펼치는 참된 우정, 자유, 용기에 대한 이야기를 담고 있다. 아기 돼지 소소는 뭐든지 자기 마음대로 하는 안다와 함께 살고 있다. 어느 날 소소는 들판에 나갔다가 야생 멧돼지 산들이를 만나게 된다. 산들이와의 만남으로 소소는 안락하지만 자유롭지 못했던 자신의 모습을 벗어던지고 더 넓은 세상으로 나아가게 된다.

이 작품을 읽을 때는 '빅 아이즈'로 잘 알려져 있는 마가렛 킨의 이야기와 함께 풀어 보면 좋겠다. 마가렛 킨 역시 남편 월터 킨의 그늘 아래 자신의 이름을 숨긴 채 그림을 그려야 했기 때문이다. 마가렛 킨이 남편의 그늘에서 벗어나면서 자신의 이야기를 써 내려가는 그 순간 소소가 산들이와 떠나는 순간이 겹쳐 보일 것이다.

붕붕쌤의 수업 아이디어

준비물: A4 종이, 필기도구

은유 거울로 표현해 보기

– 자신을 가로막고 있는 울타리를 구체적으로 표현해 본다.

① 울타리 하나를 떠올려 본다.

② 울타리가 어떻게 생겼는지, 왜 자신을 가로막는지 생각해 본다.

이야기 연결 지어 살펴보기

– 《울타리 너머》와 마가렛 킨의 그림과 이야기를 연결 지어 살펴본다.

자신과 닮은 캐릭터 찾기

– 안다, 소소, 산들이 가운데 자신과 닮은 캐릭터를 찾아보고 그렇게 생각한 이유를 적는다.

피어나다	쿄 매클리어 글, 줄리 모스태드 그림

고정 관념을 깬 독창적인 패션 디자이너 엘사 스키아파렐리의 이야기를 담은 그림책이다. 화가에 대해 아이들과 이야기를 나누는 것도 좋지만, 예술의 경계를 확장하여 다양한 분야 예술가들의 이야기를 들려주는 것도 필요하다. 고정 관념을 깬 패션 디자이너의 이야기를 들으면서 패션 디자이너의 꿈을 꾸게 될 아이가 있을지 누가 알겠는가? 엘사가 자신의 꿈을 이뤄 내고 자신의 내면에 존재하는 아름다움을 발견하는 과정을 아이들과 함께 살펴보자.

붕붕샘의 수업 아이디어

준비물: 태블릿 또는 휴대폰, A4 종이, 필기도구, 재활용 의류

인물 탐구 기사 쓰기
– 엘사 스키아파렐리에 대해 취재하여 인물 탐구 기사를 쓴다.

나의 꿈 생각 꺼내 놓기
– 마인드맵으로 나의 꿈과 생각을 표현해 본다.

의상 디자인하기
– 엘사 스키아파렐리처럼 의상 디자인을 해 본다.

나, 화가가 되고 싶어!

윤여림 글, 정현지 그림

마흔 살 넘은 나이에 자신의 꿈을 이룬 화가 윤석남의 이야기를 담은 그림책으로 주제별 큐레이션의 마지막을 장식하려 한다. 외국 사람이 자신의 꿈을 이룬 이야기를 듣는 것도 좋지만 우리나라에도 훌륭한 예술가가 많다. 그중에서 여성 화가의 이야기를 통해 자신이 가진 꿈을 이뤄 가는 과정의 소중함을 알려 주고 싶다. 비범하고 위대한 업적을 이룬 위인들의 이야기도 좋지만, 때로는 힘들어하고 좌절하면서도 다시 일어서는 사람들의 이야기가 더 깊은 울림을 주기도 한다.

윤석남은 한국을 대표하는 화가이자 유명한 여성 운동가이기도 하다. 윤석남 이야기를 시작으로 한국의 다양한 예술가들에 대해 알아보는 프로젝트로 나아간다면 아이들에게도 좋은 경험이 되지 않을까 생각한다.

봉봉샘의 수업 아이디어

준비물: 글쓰기 노트, 필기도구

핵심 낱말 찾기

– 《나, 화가가 되고 싶어!》를 읽은 다음 핵심 낱말을 찾아서 이야기를 나눈다.

우리나라 예술가들 탐구하기

– 우리나라 예술가를 한 명 정해서 질문과 답변 형식으로 인물에 대해 정리해 본다.

작품 감상 글쓰기

– 윤석남의 작품 가운데 마음에 들어온 작품을 하나 정해서 감상 글을 쓴다.

3부

아이들이 손꼽아
기다리는 그림책 수업

3월 초, 첫 만남 프로젝트

"교사는 미래를 어루만지는 직업이니까요."

2017년부터 시작한 책 수업은 2019년까지 끊이지 않고 이어졌다. 3년 동안 그림책, 동화책, 시를 통해 아이들을 만나고 열심히 살았지만 어딘지 모르게 마음 한구석이 불안하고 허전했다. 내가 해 온 책 수업을 차분히 돌아볼 시간이 필요했다. 2020년에 잠시 학교를 떠났다. '학습연구년제'를 써서 학교 다니면서는 하기 힘들었던 일들을 했다. 그동안 읽지 못했던 책도 읽고 작가와의 만남도 찾아다녔다.

마음속에 깊숙이 박혀 사라지지 않는 문장이 있다. 그럴 때면 간혹 이런 생각을 한다.

'수없이 떠다니는 문장의 바다에서 영롱한 빛을 내는 진주와 같은

문장을 만났구나.'

2021년 2월에 〈교실 안의 야크〉를 봤다. 영화는 부탄에 있는, 전 세계에서 가장 외딴 벽지 마을이라고 불리는 곳에 신임 교사 유겐이 가게 되면서 시작된다. 무려 해발 고도 4,800미터에 위치한 마을이다. 교사라는 직업이 적성에 맞지 않아 열정도 의욕도 없는 유겐은 이어폰을 끼고 다른 사람과의 소통을 거부한다. 영화에서 유겐이 서서히 마음의 문을 열고 변해 가는 모습은 새로운 아이들을 만나야 하는 시기에 큰 힘이 되어 주었다.

앞에 적힌 문장을 소리 내어 다시 읽어 보았다. "교사는 미래를 어루만지는 직업"이라는 말이 무겁게 다가왔다. 시간이 얼마 남지 않았지만, 준비를 잘해서 아이들을 만나야겠다는 생각이 들었다. '첫 만남 프로젝트'는 그렇게 시작되었다. 새롭게 만나는 아이들과 신뢰 관계를 형성하고 마음을 여는 데에는 그림책만 한 도구가 없으니 말이다. 세헤라자데의 《천일야화》에서 영감을 얻어 열흘 동안 그림책 이야기로 마음을 열어 가는 '봉헤라자데의 십일야화'는 그렇게 시작되었다.

교실에 온 너희를 환영해

들어와 들어와
이달 글, 조옥경 그림

4학년이 된 너희를 진심으로 환영해

#환영 #신나는율동 #뮤직비디오

촛불책
경혜원 글·그림

우리가 4학년으로 새롭게 태어난 날

#4학년으로탄생 #우리만의기념일 #환대의인사

새 학기 시작은 아이뿐 아니라 선생님에게도 긴장과 설렘을 준다. 특히 학교를 옮겨서 새로운 학교에 대한 정보가 하나도 없을 때는 더욱 그렇다. 심지어 교직을 1년 떠났다가 돌아오는 경우를 상상해 보라. '첫 만남 프로젝트'는 사실 아이들과 잘 지내 보겠다고 결심한 나의 마음이 강하게 반영된 수업이기도 하다. 아이들을 처음 만난 날 읽어 줄 두 권의 그림책을 신중하게 선택했다. 처음에 아이들이 책 수업을 어떻게 받아들이는지가 1년의 수업 흐름을 결정할 정도로 중요하다. 선생님도 사람이기에 책 수업에서 아이들 반응이 좋아야 다음 책 수업을 이어 나갈 힘을 받는다.

환영의 의미를 한껏 담은 《들어와 들어와》와 《촛불책》 두 권의 그림책을 비장하게 챙겨서 1년 동안 함께 보낼 4학년 아이들을 만나기 위해 내려갔다. 봉봉샘의 교실 책방이 다시 문을 연 것이다.

첫 번째 걸음	두 번째 걸음	세 번째 걸음
▶ 《들어와 들어와》 읽기 ▶ 질문으로 생각 깨우기	▶ 거울 놀이 활동하기 ▶ 《들어와 들어와》 노래와 율동 배우기 ▶ '우리 반'으로 은유 거울 활동하기 ▶ 《들어와 들어와》 뮤직비디오 만들기	▶ 《촛불책》 읽기 ▶ 함께 하기 위해 노력할 점 육각 보드에 적기 ▶ 내가 바라는 학급 만들기

그림책 수업 첫 번째 걸음 발표 이끌어 내기

3월 초는 새 학기 적응 주간으로, 2주 정도는 교과 수업보다는 학급의 기본적인 틀을 잡고 선생님의 교육 철학과 학급 문화를 만드는 부분에 신경을 많이 쓰는 편이다. 교직 생활 초기에는 개학한 날부터 수업을 나간 적도 많았다. 그런데 1년 동안 함께 생활하게 될 아이들과 신뢰 관계가 형성되지 않다 보니 중반과 후반으로 갈수록 학급이 원만하게 운영되지 않는 경우도 많았다. 2017년 '행복교실'을 기점으로 학기 초는 무조건 학급을 이루는 구성원들끼리 신뢰가 바탕이 된 문화를 만드는 일에 많은 노력을 기울이고 있다.

그림책으로 수업한 이후에는 1~2주 정도 새 학기 적응 주간으로 잡고 그림책을 통해 환대, 친구 관계, 나를 알고 사랑하기, 언어 사용, 자존감에 대해 이야기를 나누었다. 첫날 키워드는 환영과 환대였다. 봉봉샘 교실 책방에 온 아이들을 환영하고 싶었고, 환대받는다는 느낌이 들도록 해 주고 싶었다. 《들어와 들어와》는 아이들에게 친숙한 음식 캐릭터들이 등장하고 새 학기를 시작하는 환대의 의미를 잘 담고 있어서 적합하다는 생각이 들었다. 또 반복되는 문구와 리듬감 있는 문장들이 마음에 들었고, 유튜브에 '달달북스'를 검색하면 '율동과 노래'가 올라와 있어서 연결 지어 수업하기도 좋았다.

그림책을 읽어 주며 어떤 요리가 가장 마음에 드는지도 물어보고 장면마다 숨어 있는 왕관 쓴 달걀도 찾아봤다. 마지막 장면에서는 달걀이 약간 깨진 부분을 찾아낸 아이가 있어서 "○○아, 관찰력 좋은데!"라며 칭찬해 줬다. 마지막 장면까지 보여 준 후 뒷면지에 어떤 일이 펼쳐질지 상상해 보도록 질문을 던졌다.

"우리 지금까지 그림책 쭉 읽었는데 면지에서 어떤 그림이 펼쳐질까? 그림을 자세히 살펴보고 이야기 나눠 보자."

"달걀이 완전히 깨져 버렸을 것 같아요."

"달걀이 다른 요리에 들어갔을 것 같아요."

"달걀이 깨져서 다른 과일들이 반창고를 붙여 줬을 것 같아요."

아이들 말이 정답은 아니었지만 발표해 줘서 고맙다고 말했다. 첫날 발표하기 쉽지 않았을 텐데 자신 있게 자신의 이야기를 들려줬으니까.

그림책 수업 두 번째 걸음 마음 열기

그림책을 읽고 이야기를 나누면서 분위기가 한결 부드러워졌다. 이 분위기를 몰아 한 발자국 더 나아갔다. 달달북스에서 올려놓은 《들어와 들어와》영상 이야기를 한 후 마음 열기 작업으로 교육 연극에서 많이 활용하는 '거울 놀이'를 했다. 5분 정도 전체 거울 놀이, 짝 거울 놀이를 한 후 유튜브 영상을 보여 주고, 노래 부르고, 율동에 맞춰 몸을 움직였다. 율동으로 바로 들어가지 않은 이유는 새로 만난 선생님과 아직 어색하고 친구들과도 오랜만에 만나 서먹한 사이이기 때문이다. 놀이를 하고 나면 한결 몸이 풀리고 마음도 열리니 꼭 먼저 놀이로 마음을 열어 놓는 것이 좋다. 《들어와 들어와》로 어떤 모습의 우리 반을 만들고 싶은지 사물로 표현하는 '은유 거울 활동'도 이어서 진행했다. 4절지를 접어 왼쪽에는 자신이 원하는 우리 반을 그려 보고, 오른쪽에는 '내가 바라는 우리 반'이라는 제목으로 그 이유를 적어 보게 했다.

교육 연극에서 사용하는 거울 놀이

《들어와 들어와》 노래는 노랫말을 복사해서 나눠 줬다. 아침을 여는 노래로 뽑혀 첫날부터 뮤직비디오를 완성할 때까지 환영의 노래를 부르느라 아침마다 교실이 들썩거렸다. 아이들은 그림책 속 장면 중 원하는 장면들을 의논해서 정하고 문장에 알맞은 그림을 그려서 표현했다. 그리고 나는 그것들을 사진 찍고 편집해서 뮤직비디오처럼 만들었다.

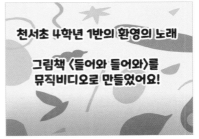

<들어와 들어와> 뮤직비디오

그림책 수업 세 번째 걸음 **함께하는 반 만들기**

이어지는 그림책으로는 공룡 시리즈로 유명한 경혜원 작가의《촛불책》을 골랐다. 환영의 의미를 조금 더 깊게 느끼게 해 주고 싶었기 때문이다. 케이크를 준비해서 활동하려 했지만, 사회적 거리 두기 때문에 LED 촛불 열 개를 준비했다.

촛불을 나눠 주고 그림책을 읽으려 하니 아이들이 이렇게 말한다.

"선생님, 촛불 켜니까 불 끄고 블라인드도 내리고 읽어 주세요."

나는 깜짝 놀라 대답했다.

"와, 진짜 좋은 생각인데! 어떻게 그런 생각을 했어?"

열 개의 촛불을 켜고 그림책을 읽어 주는 맛이 쏠쏠했다.《촛불책》은 상호 작용 요소가 들어 있어서 아이들에게 눌러 보게도 하고 마지막엔 다 같이 '후~~' 하고 불어 보기도 했다. 중간쯤에는 30초 동안 눈을 감고 그해에 이루고 싶은 소원을 마음에 적어 보는 시간을 가졌다.

아이들의 소원을 들어 보자.

"코로나가 없어지고 마스크 벗고 생활했으면 좋겠어요."

"수학을 잘했으면 좋겠어요."

"동물들을 키우고 싶어요."

"친구들과 즐겁게 생활하면 좋겠어요."

은은한 촛불이 비추는 가운데 다양한 대답이 교실 여기저기에서 나온다. 하나같이 귀중한 언어들이다.

《촛불책》을 읽어 준 후에는 아이들에게 육각 보드를 세 개씩 나눠 주고 함께하는 반을 만들기 위해 스스로 노력할 점을 세 가지씩 적고, 왼쪽부터 오른쪽으로 순위를 매겨 놓도록 했다. 한 명씩 돌아가면서 자신이 적은 내용 한 가지를 말하는데 혹시 겹치는 내용이 있으면 육각 보드를 뒤집어 놓으라고 했다. 전체 발표가 끝나고 겹치지 않게 아홉 개의 의견을 추려서 하나씩 종이에 적고 4절지에 옮겨 붙였다. 이렇게 만들어진 활동지는 교실 뒤쪽 게시판에 붙여져 환경 구성 역할도 톡톡히 했다.

함께하는 반을 만들기 위해 육각 보드에 적은 내용들

❀ 친구에 대해 생각하는 순간 ❀

우리는 친구
다니카와 슌타로 글, 와다 마코토 그림

친구에게 띄우는 시 한 편의 힘
#친구란무엇일까 #광목천에시쓰기
#시에담긴마음

내가 근무하고 있는 학교는 한 학년에 한 학급만 있는 소규모 학교다. 그 말은 초등학교 1학년부터 6학년까지 6년 동안을 같은 친구들과 한 반에서 지내야 한다는 말이다. 경험한 바에 의하면 6년 동안 한 반에서 생활한다고 해서 모두 친해지지는 않는다. 오히려 한번

첫 번째 걸음	두 번째 걸음	세 번째 걸음
▶ '친구' 하면 떠오르는 낱말 잡아채기 ▶ 《우리는 친구》 표지 탐색하기 ▶ 《우리는 친구》 읽기 ▶ 읽은 소감 나누기	▶ '친구'로 문장 만들기 ▶ 낱말과 이미지를 연결하기(솔라리움 카드 활용)	▶ 광목천에 시 필사하기 ▶ 동시 수호천사 활동

어긋난 관계는 원래 상태로 되돌리기가 더 어려울 때도 있다. 아이들은 새 학기가 시작되면 새로운 마음으로 한 해를 시작하려고 한다. 이 기회를 잘 살려서 친구의 의미를 돌아보고 '공동체'라는 중요한 가치를 아이들에게 알려 주고 싶었다.

그림책 수업 첫 번째 걸음 친구의 의미 생각하기

아무도 오지 않은 아침 교실의 분위기를 느끼며 집에서 가져다 놓은 300권의 그림책을 살펴본다.《우리는 친구》라는 그림책을 꺼내 읽어 줄 준비를 한다. 학기 초라 그런지 아이들이 아직은 조용히 교실로 들어온다. 수업이 시작되고 '친구'라는 낱말로 운을 띄워 본다. 친구 하면 떠오르는 낱말을 생각해 보도록 한다.

《우리는 친구》표지를 천천히 탐색하고 친구의 정의가 적혀 있는 내용을 하나씩 읽어 준 후 그림책을 들은 소감을 나누었다.

그림책 수업 두 번째 걸음 스몰 스텝으로 한 걸음 더!

그림책을 읽은 후 '친구란?'이라는 질문을 던지고 포스트잇에 적도록 안내했다. 먼저 포스트잇에 쓴 친구들은 자유롭게 앞에 나와 학습 보드의 원하는 곳에 붙이게 했다. 아이들이 쓴 내용을 하나씩 읽어 주며 꺼낼 이야기가 있는 내용은 조금 더 길게 이야기를 이어

갔다.

한 아이는 포스트잇에 이렇게 적었다.

"친구란 다른 사람과 놀긴 하지만 나랑 놀 때 가장 좋은 사람."

슬며시 웃음이 지어졌다. 친구에 대한 알쏭달쏭한 자신의 마음을 잘 표현했다. 다른 친구와도 놀아야 하지만 그래도 자신에게 왔을 때 가장 기분이 좋은 마음을 잘 표현한 것이다.

이미지 카드는 어떤 주제에 대해 말로 표현하기 어려운 부분을 도와주는 아주 유용한 도구다. 이번에는 '솔라리움' 이미지 카드를 활용해 친구에 대한 자신의 생각을 이미지로 고른 후 생각을 정리해 자신의 말로 꺼내 보도록 했다. 아이들을 원을 만들어 앉게 한후, 가운데에 솔라리움 카드를 쭉 펼쳐 놓았다. 아이들은 자신이 생각하는 친구와 어울리는 이미지 카드를 선택하고 돌아가며 이야기를 나눴다. 자신의 차례에 발표하기 어려워하는 친구는 건너뛰고 한 바퀴 돌아온 다음 다시 이야기 하도록 안내했다. 처음에는 말을 못 하고 쭈뼛거리던 아이들도 한 바퀴 돌고 오자 좋은 이야기를 쏟아 내기 시작했다.

해 지는 모습을 두 명이 함께 보고 있는 사진을 선택한 아이는 이렇게 말했다.

"친구란 좋은 풍경이 있으면 같이 보고 싶은 거예요."

열쇠와 자물쇠가 많이 그려져 있는 카드를 고른 친구는 이렇게 말했다.

"열쇠로 친구의 마음을 열고 들어가고 싶어요."

선생님이 하는 역할은 돌아가며 이야기를 나누게 지원하고, 자신의 생각을 말한 아이들에게 폭풍 칭찬을 해 주는 일이다. 나는 조금씩 해 나가는 '스몰 스텝'의 힘을 믿는다.

솔라리움 카드로 친구에 대한 정의 내리기

그림책 수업 세 번째 걸음 **친구에게 동시 전하기**

학기 초에는 아이들과 친해지랴, '학급교육과정' 완성하랴, 수업과 업무 준비하랴 정신이 없다. 또 교실 뒤쪽에 있는 환경 게시판도 꾸며야 한다. 나는 환경 게시판을 꾸미려고 별도의 시간을 내는 것을 좋아하지 않는다. 수업의 결과물로 환경 게시판을 채우는 것을 선호

한다. 학기 초에 환경 게시판을 아주 쉽게 완성할 수 있는 방법을 공개한다. 준비물은 광목천과 동시집. 학교 도서관에 가서 동시집을 찾아보지만 쉽게 눈에 띄지 않았다. 새로운 학교로 옮긴다는 것은, 이런 사소한 불편함을 감수하는 일이기도 하다. 다른 학년 교실에 들어가 있는지 아무리 찾아도 보이지 않기에 4학년 아이들의 도움을 받았다.

"4학년 친구들~ 너희 도움이 필요하다. 동시집이 어디에 있는지 못 찾겠어. 아홉 권만 찾아보자."

교실을 벗어난다는 즐거움 때문인지 번개같이 일어나 도서관으로 달려갔다. 시간이 얼마 지나지 않았는데 동시집 아홉 권을 찾아서 교실로 가지고 왔다.

동시집을 골라 읽어 보기 전에 제비뽑기로 자신이 시를 써서 선물할 친구를 뽑았다. 어떤 친구가 나올지 떨리는 마음이 교실 가득했다. 환호성과 탄성이 같이 섞여 나오는 시간이다. 동시집 아홉 권을 바닥에 늘어놓고 '눈치 게임'으로 가장 먼저 동시집을 선택할 학생을 골랐다. 책 고르는 권한을 어느 쪽으로 돌릴지는 우승한 사람이 선택하기로 했다. 동시집 한 권씩을 가지고 가서 15분 동안 친구에게 써 줄 동시를 고르게 했다. 시간제한을 둔 이유는 처음 읽은 동시를 선택하는 아이들이 있기 때문이다. 마음에 드는 동시가 나중에 나올 수도 있으니 15분 동안은 조용히 읽는 시간을 갖게 했다. 15분이 지나고 동시를 고른 친구는 바닥에 엎드려 펼쳐 놓은 광목천에 동시를 적었다. 천 위에 아름다운 말이 그려지는 모습이 보기 좋았다.

동시가 수놓아진 광목천을 걷어서 한쪽에 놓은 후, '동시 수호천사' 활동을 했다. '동시 수호천사' 활동이란 친구가 발표하는 동시를 누구에게 줄 것인지 예상해 보고 직접 나와서 동시를 전달해 주는 활동이다. 광목천만 나누어 주면 재미가 없기에 친구의 이름을 맞혀 보는 놀이 요소를 곁들였다. 한 명씩 나와서 자신이 옮겨 쓴 동시를 낭송하면 앉아 있는 친구들은 '저 친구가 누구에게 주려고 저 동시를 썼을까' 골똘히 생각한다. 동시 낭송이 다 끝난 뒤에는 동시를 전해 주고 싶은 친구가 누구인지 공개하는 시간을 가졌다. 이때가 그림책 수업을 한 이후로 가장 활발한 모습을 보인 순간이었다.

친구에게 전해 줄 시를 광목천에 적기

시를 적은 광목천을 친구에게 건네주기

✤ 우린 모두 고유한 존재야 ✤

다다다 다른 별 학교

윤진현 글·그림

다다다 다른 별에서 온 고유한 우리

#다양성 #차이존중 #서로이해하기
#다른별꾸미기

한 반에는 다양한 개성을 가진 아이들이 모여 지낸다. 살아오면서 본 것, 경험한 것, 들은 것 등이 모두 다르기 때문일 것이다. 교실에서 수다를 떨고 있는 아이들을 바라보고 있으면 알록달록 자신만의 색을 빛내고 있는 오색 구슬 같다. 그런데 정작 아이들은 자신이 얼마나 빛나는 존재이고 고유한 존재인지를 모르고 있는 것 같다. 자기 자신에 대해서도 모르지만 함께 살아가고 있는 반 친구들의 존재에 대해서도 순수한 눈으로 바라보려고 하지 않는다.

3월에 긍정적이고 서로 포용할 수 있는 반 분위기를 만드는 것은 학급을 운영하는 기본이 되는 중요한 요소다. 서로 비난하고 다투는 반에서는 협력적인 모습도, 긍정적인 생활 태도도, 서로 도우려는 학습 분위기도 기대할 수 없기에 그렇다. 《다다다 다른 별 학교》는 학급에 있는 아이들의 다채로운 모습을 보여 준다. 그림책 어디에도 똑같은 아이는 없다. 다다다 다른 별에서 온 아이들을 환영하는 그림책으로 학급의 긍정적인 분위기를 만들어 보자.

첫 번째 걸음	두 번째 걸음
▶ 표지에 나온 별들 이름 추측해 보기 ▶ 《다다다 다른 별 학교》 읽기 ▶ 나와 가장 비슷한 별에서 온 친구 선택하기	▶ 《다다다 다른 별 학교》 질문 만들기 ▶ 내가 가고 싶은 별 표현하기

그림책 수업 첫 번째 걸음 핵심 낱말 찾기

2월 말에 신청했던 《다다다 다른 별 학교》의 활동지가 드디어 도착했다. 언제쯤 이 그림책으로 수업을 열어 볼까 생각하고 있다가 '봉헤라자데의 십일야화'의 마지막을 장식하기로 결심했다. 그러나 야심차게 활동을 진행하려 한 계획은 처음부터 삐걱대기 시작했다. 그림책을 보자 웅성거리는 아이들….

불안감은 곧 현실로 다가왔다.

"선생님, 그거 3학년 때 읽고 활동한 그림책 같은데요."

당황한 표정을 최대한 감추고 출판사에서 보내 준 활동지를 공개했다.

"아~ 이 그림책으로 활동했구나. 그런데 이런 활동지로 하진 않았을 거야. 이건 처음 보지?"

간신히 아이들을 진정시킨 후 그림책 이야기를 이어 갔다.

교사로 살아간다는 건 예상치 못한 순간에도 유연하게 대처해야 한다는 걸 의미한다.

"자, 선생님이 이제 《다다다 다른 별 학교》 표지를 보여 줄 거야. 표지와 제목을 보고 어떤 내용이 전개될지 예상해 보자. 작년에 한 번 봤던 그림책이니까 생각하기가 좀 쉽겠지?"

역시 읽었던 그림책이라 한 번에 내용을 꿰뚫었다.

"교실에서 벌어지는 일인데 다 다른 별에서 온 아이들이 있어요. 저마다 달라요. 근데 마지막에 보니 선생님도 외계인이에요."

아이들 기억력이 이렇게 좋은 줄은 몰랐다.

하지만 경력 14년의 봉봉샘은 여기에 굴하지 않고 다시 질문했다.

"그럼 이 그림책을 통해 작가가 말하고자 하는 키워드가 뭘까?"

몇 명의 아이가 대답은 하지 않고 질문을 했다.

"선생님, 키워드가 뭐예요?"

나는 그림책을 아우를 수 있는 핵심 낱말이라고 이야기를 해 주었다.

그러자 다시 이야기를 꺼내는 아이들.

"다르다는 것?"

"서로 다를 수 있다."

어느 정도 이야기를 듣고 《다다다 다른 별 학교》를 읽어 주기 시작했다. 별마다 멈추고 이야기를 나누며 천천히 걸어갔다. 장면마다 나온 빛나는 아이들의 말을 담아 본다.

• 뒤죽박죽 별

"이 장면을 보면 어떤 생각이 드니? 혹시 자기 방이 여기 나온 친구처럼 되어 있는 친구 있어?"

남자아이 둘이 손을 들었다.

"저도 저 친구처럼 안 치우고 있다가 문에서 띠디딕 하는 소리가 나면 후다닥 치워요."

"저는 제 물건이 어디 있는지 잘 못 찾는데 여기 나오는 애는 잘 찾네요."

• 뭐든지 별

"뭐든지 될 수 있다면 너희는 뭐가 되고 싶니?"

"전 강아지요."

"강아지? 왜 강아지가 되고 싶은데?"

"제가 기르는 강아지가 어떤 생각을 하는지 느껴 보고 싶어요."

오~ 이런 멋진 생각을 하다니! 역시 그림책의 힘은 위대하다. 이렇게 책 한 권을 놓고 이야기를 나누다 보니 40분이 훌쩍 지나갔다.

그림책 수업 두 번째 걸음 질문 만들기

연차시 수업으로 《다다다 다른 별 학교》에 대해 궁금한 점을 포스트잇에 적어 보자고 했다. 질문을 많이 만들어 보지 않았는지 다들 어려워했다. 앞으로 꾸준히 질문 만들기를 해서 좋은 질문을 만들 수 있도록 도와줘야겠다는 생각이 들었다. 질문을 먼저 끝낸 아이들에게는 출판사에서 받은 활동지를 나눠 주고 '나만의 별'을 만들어 보라고 했다. 확실히 두툼한 도화지에 밑그림이 그려진 활동지에 작품을 그리니 멋진 작품이 아홉 점이나 탄생했다.

작품이 완성된 후에는 걷어서 보관하지 말고 작품에 대해 서로 이야기 나눌 시간과 교실 벽면에 붙여서 감상할 수 있는 시간을 주면 좋다.

《다다다 다른 별 학교》를 읽고 만든 질문지 　　　'나만의 별' 만들기

그림책으로
시 수업을 한다고?

　그림책으로 책을 쓰고 연수를 하고 있기에 밖에서 만나는 많은 선생님이 내가 그림책만 가지고 수업을 하는 줄 알지만 그렇지 않다. 책 수업을 위해 사용하는 것은 그림책, 동화책, 시, 신문 기사, 노랫말 등 다양하다. 2017년부터 지금까지 책 수업을 해 오고 있지만 여전히 어려운 부분은 시로 수업하기다. 나부터도 시를 써 본 적이 거의 없고 시집을 읽은 경험도 많지 않기 때문이다.

　'시란 도대체 무엇일까? 시를 가지고 어떻게 수업을 해야 하는 걸까?'

　오랜 시간 동안 이 질문은 나의 머릿속을 떠나지 않았다. 그림책을 보던 어느 날이었다. 그림책을 시 수업에 활용하면 아이들과 함께 재미있는 수업을 할 수 있겠다는 느낌이 들었다.

'시집을 활용해서 수업을 하기도 하지만 그림책과 시를 섞어 보면 어떨까?'

시에 부담을 갖는 아이들이 편하게 느낄 수 있겠다는 생각도 들었다. 《다니엘이 시를 만난 날》(미카 아처 글·그림)은 은유적인 표현을 사용하여 시가 무엇인지에 대해 이야기한다. 시를 바탕으로 해서 만든 그림책은 굉장히 많다. 예전에는 생각하지 못했던 그림책을 시 수업과 연결 지으려고 보니 새롭게 다가오기 시작했다. 그림책과 시의 연결은 이렇게 시작되었다.

✤ 나는 누구일까? ✤

나는요,
김희경 글·그림

내 안에 있는 자신의 모습 찾아가기
#그림책으로시쓰기 #자아찾기
#나를표현하는것은뭘까

    행복한 삶을 살기 위한 첫 번째 조건은 '자신에 대해 알기'다. 뿌리 깊은 나무는 세차게 부는 바람에도 굳건하게 자신의 자리를 지키며 서 있는 것처럼, 자신에 대해 제대로 알고 있는 사람은 높은 자존감을 바탕으로 긍정적인 삶을 살 수 있기 때문이다. 주위의 말에 흔들리지 않고 자신이 정한 길을 똑바로 걸어가기 위해서도 '내가 누구'인지 생각해 보는 시간이 반드시 필요하다.

    《나는요,》는 내가 가지고 있는 특성을 동물에 빗대어 아이들도 이해하기 쉽게 그려낸 그림책이다. 그림책에 나온 수많은 동물의 특성을 보다 보면 내가 어떤 동물의 특성을 더 많이 가지고 있는지 인식하게 된다. 또한 같은 반에서 생활하는 친구들은 어떤 동물의 특성을 가지고 있는지에 대해서도 이해하게 된다. 이해하면 다른 친구들을 포용하고 배려할 수 있는 힘이 생겨나게 된다.

첫 번째 걸음	두 번째 걸음
▶ 《나는요,》 읽기 ▶ 나를 닮은 동물 이유와 함께 말하기 ▶ 그림책 연계하여 읽기 《내 안에는 사자가 있어, 너는?》	▶ 시집으로 확장해 연결 짓기 ▶ 《나는요,》로 시 쓰기

그림책 수업 첫 번째 걸음 **나의 특성 알아보기**

앞서 말했듯 2019년에 1학년 아이들을 가르쳤다. 처음 해 보는 1학년 수업에 시행착오도 많았고 그림책을 읽어 줄 때도 아이들을 집중시키느라 진땀 뺐다. 그 와중에 아이들이 집중해서 들은 그림책들이 있다. 《나는요,》도 그런 그림책이었다. 그 후부터는 해마다 아이들에게 읽어 주리라 다짐했고, 4학년 아이들을 만나면서도 주저하지 않고 수업에 끌어들였다. 《나는요,》를 천천히 읽어 주면서 보이는 동물들의 이름이 무엇인지 확인도 하고, 장면마다 자신의 성격과 비슷한 부분이 있는지 물어보면서 그림책 수업을 진행했다. 책을 읽으면서 자신을 닮은 동물을 찾고 그 이유도 알아봤다. 나무늘보가 보이는 장면에서는 자기도 나무늘보와 같다며 아침에 일어나기 싫다고 하는 친구들도 있었다. 맨날 누워서 쉬고 싶다고….

펭귄이 무리 지어 모여 있는 펭귄이 나오는 장면에서는 한 친구가 이렇게 말했다.

"저는 펭귄처럼 엄마를 안아 주고 싶어요."

이 친구는 장난도 많고 수업 시간에 흐름도 자주 끊지만 가끔은 이렇게 멋진 말도 할 줄 안다. 엄마와 둘이 살고 있기에 자연스럽게 저런 말이 나왔을 것이다. 교실 책방에서 나의 특성을 담은 다른 그림책을 꺼내 와서 읽어 주었다. 《내 안에는 사자가 있어, 너는?》은 《나는요,》와 결이 조금 다르지만 함께 읽으면 좋은 그림책이다.

그림책 수업 두 번째 걸음 동시집으로 연결 짓기

그림책을 읽어 준 다음 김영숙 선생님이 아이들의 시를 모은 동시집 《나랑 자고 가요》의 한 부분을 읽어 줬다. 《나는요,》를 읽고 1학년 아이가 쓴 시가 있었다. 이렇게 한 번 다른 친구들이 쓴 시를 읽어 주고 시를 쓰도록 하면 그리 어려워하지 않고 시를 쓰는 모습을 보게 된다. 학기 초에 나눠 준 동시 노트를 꺼내서 《나는요,》에 나온 것처럼 자신을 나타내는 동물을 세 가지 고르고 왜 그런지 이유를 담아서 시를 써 보자고 했다. 평소에는 시 쓰기를 어려워하던 친구들이 이번에는 금세 써서 앞으로 가져왔다. 아이들이 쓴 시를 천천히 살펴보는데 감탄이 나왔다. 꾸며 내지 않고 자신의 모습을 솔직하게 쓴 시여서 그랬을 것이다.

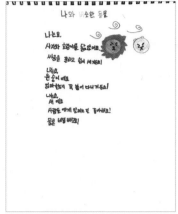

《나는요,》학생 시 1

《나는요,》학생 시 2

✿ 이름으로 삼행시를 지어 봐요 ✿

최고의 이름
루치루치 글·그림

이름에 담긴 의미를 생각하며
삼행시 짓기
#세상에서가장긴이름 #내이름삼행시
#친구이름삼행시

시를 쉽게 쓰는 방법에는 무엇이 있을까? 아이들과 시 수업을 해본 결과 어떤 일을 경험한 후 그 일을 가지고 시를 쓰는 것이 가장 쉽게 시를 쓰는 방법이다. 자신이 하지 않은 일을 상상해서 쓰는 것보다는 경험 속에서 의미를 찾고 느꼈던 점을 시의 형식을 빌려 나타내는 방법이 처음 시를 접하는 아이들에게 추천하는 방법이다. 그다음은 자신과 가까운 것에 대해 쓰는 방법이다. 가족, 친구, 반려동물, 나 자신 등 이미 잘 알고 있고 익숙한 것에서부터 시 쓰기는 시작해야 한다. 《최고의 이름》은 이름을 가지고 벌어지는 재밌고도 황당한 이야기를 담고 있다. 달님에게 소원을 빌어 어렵게 자식을 얻은 아빠 곰은 동물 친구들 이야기를 듣고 아기 곰의 이름을 짓는다. 근데 문제는 이름이 길어도 너무 길다는 것이다. 제목처럼 자신의 이름을 가지고 삼행시를 지어 보는 것은 아이들이 쉽게 시를 쓰는 소재 중 하나임에 틀림이 없다.

첫 번째 걸음	두 번째 걸음	세 번째 걸음
▶ 이름에 담긴 뜻 알아보기 ▶《최고의 이름》읽기 ▶ 두 개의 그림책, 밸런스 게임	▶ 동시집《삼행시의 달인》읽기 ▶ 내가 뽑은 최고의 삼행시	▶ 삼행시 장원 급제전!

그림책 수업 첫 번째 걸음 이름에 담긴 뜻 알아보기

요즘 세대는 한자를 많이 사용하지 않기 때문에 자신의 이름에 담긴 뜻을 모르는 친구들이 꽤 많다. 이름 자체가 순우리말로 이루어진 친구들도 있기에 더욱 그럴지도 모른다.

이름을 가지고 수업을 여는 자리이기에 혹시나 하는 마음으로 아이들에게 물어봤다.

"여러분~ 자신의 이름에 담긴 뜻을 알고 있는 친구 있나요?"

잠깐 동안 정적이 흘렀다. 이 순간이 영원히 깨지지 않을 것 같은 두려움이 맴돌았다. 더 어색해지기 전에 자신의 이름에 담긴 뜻을 알아보고 오라고 안내하며 헛헛한 마음을 그림책에 의지했다.《최고의 이름》을 보여 주면서 읽어 주는데 목이 아파 왔다. 이 책으로 수업할 선생님들은 목을 잘 풀고 완벽한 상태에서 읽어 주길 바란다. 아기 곰의 이름이 엄청 긴데 그 이름이 반복해서 나오기 때문이다.

아이들에게 물어봤다.

"아기 곰의 이름이 너무 긴데 생략하고 읽으면 안 될까?"

아이들이 격렬하게 반대했다. 아기 곰 이름이 나오는 부분이 가장 재미있다고 다 읽어 줘야 한단다. 목을 상해 가며 다 읽어 주고 한 권의 그림책을 또 꺼내 들었다. 옛이야기는 지은이가 불분명하기에 다양한 버전으로 재해석되어 나온다. 《김수한무 거북이와 두루미 삼천갑자 동방삭》(소중애 글, 이승현 그림)도 이어서 읽어 준 다음 두 권의 그림책 가운데 자신의 마음을 움직인 그림책 한 권을 선택하고 이유를 말하는 밸런스 게임을 진행했다.

그림책 수업 두 번째 걸음 최고의 삼행시 뽑기

그림책과 동시집을 연결시키는 건 수업의 깊이를 더하는 좋은 방법이다. 우리 교실에는 틈틈이 모은 동시집이 50권쯤 비치되어 있다. 그 가운데 《삼행시의 달인》(박성우 글, 홍그림 그림)을 꺼내 들었다. 박성우 시인의 동시집에는 아이들이 좋아할 만한 재미있는 시가 많이 실려 있다. 미리 골라 놓은 우리나라 위인 열 명의 삼행시를 한 편씩 읽어 주고 아이들은 시를 듣고 평가한다. 아이들이 운을 띄우면 내가 낭송하고 아이들은 시를 듣고 느낀 점과 평점을 별 다섯 개로 평가

하는 활동이다. 시 열 편을 다 들은 후에는 금, 은, 동을 뽑는 활동도 하고 학급 전체의 의견을 모은 금상 작품도 수상하는 시간을 가졌다. 금상의 영예는 '세종대왕'이 차지했다.

삼행시 평가하기

그림책 수업 세 번째 걸음 삼행시 써 보기

그림책도 읽고 시도 평가했으니 이제 직접 시를 써 볼 차례다. '삼행시 장원 급제전'이라는 제목을 붙이고 친구 이름으로 쓰기와 자신의 이름으로 쓰기로 두 편의 시를 써 보기로 했다. 친구는 제비뽑기로 정했다. 만약 자기 이름을 골라잡으면 다시 뽑을 수 있도록 안내했다. 처음에는 어떻게 쓸지 고민하던 아이들이 조금 지나자 웃음이 터져 나오는 시를 가지고 줄줄이 나오기 시작했다. 아이들이 쓴 시를 혼자 보기 아까워 학교 전체에 공개하고자 우드록으로 뚝딱뚝딱 판을 만들기 시작했다. 여자아이들이 삼행시가 적힌 판을 들고 교장실부터 시작해 교무실, 행정실, 1~6학년 교실을 돌았다. 이런 경험이 아이들의 시 쓰는 자신감을 불러일으키는 데 큰 도움이 되었다. 시를 잘 썼다는 칭찬을 들으면 자존감이 올라가기 때문이다.

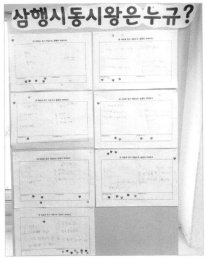

삼행시 동시왕 뽑기

❀ 말놀이하면서 시 쓰자 ❀

고구마유
사이다 글·그림

《고구마유》로 아이들과 즐겁게
놀았어유~
#말놀이활동 #고구마구마도있어요
#고구마빵만들기

　　말놀이 그림책은 학년 불문하고 대다수의 아이들이 즐기고 좋아
한다. 저학년 아이들은 특히 놀이 형식이 가미되고 같은 문장이 반
복되어 리듬감 있는 말놀이 그림책을 많이 읽어 주면 좋다. 사이다
작가의 전작인 《고구마구마》가 폭발적인 인기를 끌었던 것처럼, 《고
구마유》 역시 4학년 아이들에게 많은 호응을 받았던 그림책이다.

첫 번째 걸음	두 번째 걸음	세 번째 걸음
▶ 《고구마구마》로 동기 유발 ▶ 고구마에 얽힌 경험 나누기 ▶ 《고구마유》 읽기 ▶ 아이 낭송가 활동	▶ '유'로 끝나는 말놀이하기 ▶ '채소밭에 가면' 놀이하기	▶ 《고구마유》 캐릭 　터가 되어 글쓰기 ▶ 《고구마유》로 시 　쓰기

《고구마구마》는 EBS에서 방영한 '당신의 문해력'에 문해력을 향상시킬 수 있는 그림책으로 소개되기도 했다. 재미와 문해력을 모두 잡을 수 있는 그림책으로 어떤 활동을 했는지 살펴보자.

그림책 수업 첫 번째 걸음 **동기 유발하기**

아이들에게 말놀이의 세계를 보여 주고 말겠다는 굳은 결심을 하고 사이다 작가의 말놀이 그림책 두 권을 챙겨 들었다. 《고구마구마》와 《고구마유》는 학년 불문하고 거의 모든 아이들이 즐겁게 감상하는 그림책이다. 단순 감상을 넘어 그림책과 소통하는 작품이라고 봐야 한다. 두 권의 그림책을 보여 준 후 고구마에 얽힌 경험을 들어 봤다. 짜장면과 짬뽕처럼 고구마와 감자 중에 하나를 선택하는 놀이도 했다. 놀이는 언제나 분위기를 부드럽게 풀어 줘서 다음 활동을 편하게 이어 갈 수 있는 윤활유 역할을 해 준다.

처음에는 《고구마유》를 펼쳐서 감정을 살려 읽어 주었다. 이 책을 읽어 줄 때는 선생님이 미리 보고 연습한 다음 읽어 주면 더 좋다. 한 번 읽은 후 아이 낭송가들을 모집해서 그림책에 등장하는 고구마들의 배역을 정해 준 후, 고구마가 되었다고 생각하고 자신이 맡은 부분을 읽는 활동을 했다. 낭독극하고도 비슷하다고 할 수 있겠다.

그림책 수업 두 번째 걸음 **말놀이하기**

두 번의 그림책 읽기가 끝난 뒤에는 '~유'로 끝나는 말놀이를 했다. 책상을 옮겨 원을 만들고 3초 안에 '~유'를 말하는 놀이다. 말하지 못하는 친구는 탈락하고 살아남은 친구들이 활동을 이어 간다. 한 번만 하려고 했는데 놀이를 하면 언제나 예상을 벗어난다. 결국 세 번의 말놀이 활동을 했다. 그림책 수업에 놀이를 넣는다면 시간을 넉넉하게 배정해서 수업 계획을 세우는 것이 좋겠다. 이왕 이렇게 된 거 한 가지 놀이를 더 했다. '시장에 가면' 놀이를 따라 한 '채소밭에 가면'이다. 돌아가면서 앞 사람이 말한 채소에 더해 자신이 생각한 채소를 말하는 놀이다.

그림책 수업 세 번째 걸음 **《고구마유》로 시 쓰기**

신나는 놀이를 했으니 그림책을 가지고 글과 시를 쓰는 활동을 했다. 《고구마유》 캐릭터가 담긴 장면을 컬러로 인쇄해 나눠 주었다. 아이들은 고구마 캐릭터들을 천천히 살펴보며 자신의 이야기를 담을 캐릭터를 골랐다. 뽑힌 캐릭터들은 가위로 오려 활동지 왼쪽에 붙이고, 오른쪽에는 고구마가 되었다고 생각하고 자신의 이야기를 쓰게 했다. 이때 캐릭터만 붙여도 되고 시간이 남는 친구는 꾸며도 좋다. 글을 쓰고 나눈 후 마무리 활동으로 '~유'를 넣어 시를 썼다. 제목은 시의 내용과 어울리게, 문장의 끝은 '~유'로 마무리 짓도록 안내했다. 이제는 시에 대한 거부감이 많이 줄어들어 쓰자고 하면 별말 없이 시를 쓴다.

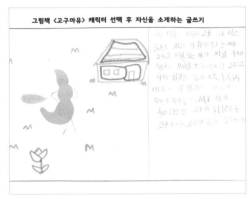

《고구마유》캐릭터가 되어 글쓰기

《고구마유》읽고 시 쓰기

생태 환경 그림책 수업

강원도에 계신 최고봉 선생님이 학교 아이들과 쓴 동시집《동생은 외계인》에서 서영준 어린이가 쓴 '종이'라는 시를 봤다.

종이 서영준

종이 100장
나무 한 그루

종이 100장을 쓰면
나무 한 그루가 뚝딱 사라진다.

나무 한 그루가
없어지는 마술

보기 싫다.

　평소 생태 환경에 대해 무관심하게 지냈지만, 아이가 쓴 시를 보는 순간 생태 환경을 생각하지 않고 살아온 내 모습이 부끄러워졌다. 학교에서 커피 마실 때면 편함을 추구하며 종이컵을 사용했다. 하루에 커피 석 잔을 마셨으니 1년으로 치면 570개 이상의 종이컵을 사용한 셈이다. 어떻게 보면 '생태 환경 프로젝트 수업'은 아이들보다는 나를 위해 실시한 그림책 수업이었다. 아이들에게 생태 환경에 대해 가르치려면 내가 먼저 알고 있어야 하니까. 그렇게 생태 환경 그림책과 환경 문제를 다룬 책, 비거니즘과 관련된 책을 찾아 읽기 시작했다. 이 프로젝트는 나에 대한 성찰로부터 시작된 활동이다.

❀ 왜 행동하지 않나요 ❀

검정 토끼	
오세나 글·그림	

검정 토끼의 정체에 담긴 비밀 찾아보기

#환경문제 #지속가능한삶을위한노력
#검정토끼의비밀

그레타 툰베리가 외쳐요!	
자넷 윈터 글·그림	

그레타 툰베리, 롤 모델의 중요성

#그레타툰베리의환경운동 #롤모델의중요성
#불가능을가능으로만들기

표지에 보이는 '검정 토끼'의 정체는 과연 무엇일까? 작가는 《검정
토끼》에 커다란 비밀을 숨겨 놓았다. 그림책을 보며 검정 토끼의 정
체가 무엇인지 추측하며 읽어 나가는 재미가 있다. 아이들과 수업할
때도 그렇게 시작했다. '검정 토끼'의 정체에 대해 잘 생각하며 들어
보자고. 생태 환경 프로젝트의 첫 번째 그림책으로 《검정 토끼》를 고

른 것은 아이들에게 생태 환경 문제에 대해 신선한 자극을 주고 싶었기 때문이다.

책 한 권을 가지고 이야기를 나누다 보니 어느새 다른 그림책이 살며시 들어와 있었다. 처음에는 전혀 의도하지 않았지만 두 권의 생태 환경 그림책으로 수업한 이야기 속으로 들어가 보자.

첫 번째 걸음	두 번째 걸음	세 번째 걸음
▶ 《검정 토끼》 읽기 ▶ 검정 토끼 정체 추측하기	▶ 환경 보호를 위한 열 걸음 ▶ 《검정 토끼》 표지 비틀기	▶ 《그레타 툰베리가 외쳐요!》 읽기 ▶ 롤 모델이 건네는 힘 ▶ 환경 지킴이 시즌 1

그림책 수업 첫 번째 걸음 검정 토끼의 비밀 추측하기

생태 환경 수업을 위해 처음으로 《검정 토끼》를 꺼내 들었다. 작가 특유의 그림책 물성을 활용한 은유적인 표현이 마음에 들었기 때문이다. 겉싸개가 큰 역할을 하는데 미닫이문을 열듯 옆으로 밀어내면 알록달록한 색들이 펼쳐져 있는 그림이 나타난다. 아이들에게 표지에 그려진 토끼의 정체를 잘 살펴보라고 말한 후 그림책을 읽어 줬다. 검정 토끼가 그냥 검정 토끼가 아니기 때문이다. 아주 큰 비밀이 숨겨져 있으니 이 책을 처음 보는 분들은 정체를 추측하면서 읽어 보시라. 그림책을 읽은 후 포스트잇을 나눠 주고 검정 토끼의 정체가 무엇인지 적으라고 했다. 다 적은 친구들은 칠판에 붙은 학습 보드에 붙이고 나는 그것들을 하나씩 떼어 가며 아이들과 그림책에 대해 《검정 토끼》이야기를 나눴다.

책을 읽고 나니 환경을 보호하기 위해 우리가 할 수 있는 일이 무엇인지 궁금해졌다. 모두 함께 컴퓨터실로 가서 개인 차원에서 환경을 보호하기 위해 할 수 있는 일들을 찾아보기 시작했다. 자료 검색을 하는데 시작부터 난관에 부딪히기 시작했다.

여기저기에서 선생님 부르는 소리가 들렸다.

"선생님, 어디로 들어가서 찾아야 해요?"

"선생님, 검색해도 안 나오는데요?"

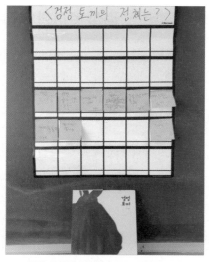

검정 토끼의 정체는? 포스트잇에 적기

전체를 대상으로 설명한 후 개별적으로도 바쁘게 돌아다녔다. 정보 검색을 연습시켜야겠다는 생각이 계속해서 차올랐다. 우여곡절 끝에 활동지에 열 가지를 적고 교실로 돌아오는 길, 진이 다 빠졌다.

그림책 수업 두 번째 걸음 우리가 할 수 있는 환경 보호

환경을 보호하기 위해 적어 온 열 가지를 가지고 활동을 시작했다. 4절지를 가지고 대문 형식으로 접는다. 접힌 대문을 열어 안쪽에 열 가지 내용을 적고 스티커로 이곳저곳을 꾸민다. 환경을 보호하기 위해 시작한 활동인데 오히려 환경을 더 오염시키는 것 같은 느낌에 마음 한구석이 불편했다. 각자 만든 작품들을 갤러리 워크 방식으로 살펴보다가 아이들이 찾아온 열 가지들을 모두 칠판에 적었다.

칠판에 적힌 내용을 보고 깜짝 놀랐다.

'우리가 할 수 있는 일이 이렇게 많았다니…'

1번부터 하나씩 읽어 보며 우리가 할 수 있는 일에 동그라미를 치는데 딱 두 개가 걸렸다. 전자 문서 사용을 통해 종이를 줄이는 것은 선생님이 노력하겠다고 말했다.

한 아이가 물어봤다.

"선생님, 저희가 환경 보호 캠페인을 할 수 있나요?"

이런 경우를 대비해 교실 책방에 많은 그림책을 가져다 놓은 것이다. 한쪽 구석을 뒤져《그레타 툰베리가 외쳐요!》를 꺼내 왔다.

표지 비틀기   내가 찾은 환경 보호 방법 열 가지

그림책 수업 세 번째 걸음 롤 모델 만나기

아이들 삶에 좋은 영향을 미치는 롤 모델을 보여 주는 것은 중요하다. 불가능하다고 생각하는 일들도 그 길을 이미 걷고 있는 사람을 보면 '나도 할 수 있다.'는 마음이 들기 때문이다. 아이들이 살아갈 세상에 본받을 좋은 어른들이 많이 존재해야 하는 이유이기도 하다. 《그레타 툰베리가 외쳐요!》를 읽어 주고 십 대 청소년 환경 보호 활동가들을 더 소개했다. 콜롬비아의 프란시스코 베라, 태국의 릴리 사타타나산, 인도의 리시프리야 칸쿠잠이 그들이다.

환경 보호를 위해 활동하고 있는 활동가들을 알아본 후, 환경 지킴이 시즌 1에 들어가기로 했다. 칠판에 적힌, 환경을 보호하기 위해

할 수 있는 일들 중 딱 일주일 동안 자신이 지킬 일을 두 가지만 정해서 실천해 보기로 했다. 아이들이 전날 실천한 내용은 다음 날 학교에 와서 스스로 확인하도록 교실 앞쪽에 실천 확인표를 만들어 붙여 놓았다.

칠판에 빼곡하게 적힌 우리가 찾은
환경 보호 방법

환경 보호를 위해 스스로 실천 약속하기

✿ 북극곰이 점점 사라져요 ✿

눈보라
강경수 글·그림

《눈보라》 2 만들기와 무언극으로
눈보라의 마음 이해하기
#북극곰을도와줘요 #지구온난화 #무언극

생태 환경 프로젝트 수업을 계획하면서 다루고 싶었던 주제 중 하나가 '지구 온난화'였다. 아이들에게 익숙한 낱말이기도 하고 실제로도 '지구 온난화' 문제는 우리 삶 전반에 영향을 미치고 있기 때문이다. '지구 온난화' 문제를 어떻게 접근하면 좋을지 고민하던 참에 북극곰 눈보라를 만났다. 북극곰에 대한 이야기가 이곳저곳에서 들려

첫 번째 걸음	두 번째 걸음	세 번째 걸음
▶ '북극곰아' 노래 듣기 ▶《눈보라》 표지 관찰하기 ▶《눈보라》 읽기 ▶ 포스트잇을 활용한 소감 나누기	▶《눈보라》 소개 포스터 만들기 ▶ 6컷 만화로 만든 《눈보라》 2	▶《눈보라》 배역 정하기 ▶ 무언극으로 그림책 읽기

오고 있고 아이들에게 동물은 친숙한 소재여서 받아들이기 쉬운 주제이기도 했다. 표지부터 쓰레기통을 뒤지고 있는 눈보라의 모습이 인상적인 그림책이다.

그림책 수업 첫 번째 걸음 **북극곰의 상황 알기**

'좋아서 하는 밴드'의 '북극곰아' 노래로 책 수업의 시작을 열었다. 아이들은 왜 갑자기 노래를 들려주는지 어리둥절한 표정이었다. 아이들 반응에 아랑곳하지 않고 나는 신나게 노래를 따라 불렀다. 교실에 내 목소리만 울려 퍼졌다. 노래를 들은 다음 《눈보라》와 연계 지었다. 3월 4주 정도에 이 그림책을 읽어 줬는데 아이들 반응이 정말 좋았다. 그동안 읽어 준 그림책들 중 가장 훌륭한 집중도를 보여 주었다. 북극곰의 안타까운 상황에 몰입하여 이야기가 마무리되자 사람들을 향해 분노했다. 우리 반 아이들이 그렇게 동물을 사랑하는지 처음 알았다.

그림책을 읽고 난 소감을 포스트잇에 적어 보자고 한 후 살펴봤는데 아뿔싸! 아홉 명의 아이 중 일곱 명이 사람들에게 복수를 하겠다고 했다.

심지어 어떤 아이는 이렇게 적었다.

"내가 북극곰이라면 사람들에게 소리를 지르며 복수할 것이다."

그림책 수업 두 번째 걸음 《눈보라》 2 만들기

열광적인 반응에 신이 나서 기세를 몰아 《눈보라》를 소개하는 포스터를 만들어 보자고 아이들을 살살 달랬다. 역시 기분이 좋아서 그런지 별말 없이 넘어왔다. 모둠별로 포스터를 완성하고 나니 뭔가 아쉬웠다. 때마침 아이들이 좋아하는 드라마의 두 번째 시즌이 방영 중이었다. 드라마 방영 다음 날에는 그 이야기가 주를 이루었다.

아이들에게 한마디를 던졌다.

"우리도 눈보라의 뒷이야기를 만들어 보자."

그렇게 《눈보라》 2 6컷 만화 만들기가 시작되었다.

《눈보라》 2 6컷 만화로 나타내기

그림책 수업 세 번째 걸음 **무언극 하기**

《눈보라》의 마지막 활동으로 팬터마임이라고 불리는 무언극을 해 보기로 했다. 무언극은 교육 연극에서도 많이 사용하는 기법으로, 한 명이 대사를 낭독하면 배우가 그 대사에 맞는 행동을 취하는 방법이다. 무언극을 하기 전에 《눈보라》에 나오는 캐릭터를 칠판에 적고 배역을 나눈다. 역시 가장 인기가 많은 것은 주인공인 눈보라다. 인물들뿐 아니라 사물도 배역을 정해 준다. 사냥꾼이 사용하는 총과 배고픈 눈보라가, 남긴 음식을 뒤지던 쓰레기통도 출연시킨다. 무언극은 총 두 번 진행했다. 처음 할 때는 어색하던 부분들이 한 번 더 하니 제법 자연스럽게 흘러갔다.

무언극으로 《눈보라》 나타내기

❀ 식물과 함께하는 삶 ❀

우리 가족은 정원사입니다
조안나 게인즈와 아이들 글, 줄리아나 스웨이니 그림

마음속에 있는 생태 감수성 기르기

#작가의어린시절경험이야기 #꼬마정원사활동
#생태감수성

선생님들이 접근하기 어려운 주제가 생태 환경이다.

선생님들 만나서 이야기를 들어 보면 대개 비슷한 대답을 한다.

"저도 친환경적인 사람이 아니어서요."

"생태 환경에 대해 저도 아는 게 별로 없어요."

"아이들과 어떻게 생태 환경 수업을 시작해야 하는지 막막해요."

생태 환경 수업의 첫 번째는 생태 환경에 대한 감수성을 기르는 것이라고 생각한다. 자연의 아름다움을 바라볼 수 있는 것, 감동할 수 있는 마음, 아픔에 대해 공감할 수 있는 능력이 먼저 갖춰져야 다음으로 나아갈 수 있다. 감수성을 갖춘 다음은 생태 환경에 대한 지식을 갖추고 조금씩 행동으로 옮기는 것이다. 이 단계는 한 방향으로 흐르는 것이 아니라 원을 그리면서 함께 간다고 생각하면 좋겠다.

생태 환경 수업을 하려고 다짐한 선생님들에게 이렇게 말하고 싶다. 너무 거창한 것을 하려고 하지 말고 소소하게 시작하라고. 내가 2021년에 학교에서 종이컵을 한 번도 사용하지 않은 것처럼 조금씩 나아가자고 말하고 싶다.

첫 번째 걸음	두 번째 걸음	세 번째 걸음
▶《우리 가족은 정원사입니다》작가 탐구 ▶《우리 가족은 정원사입니다》읽기 ▶'나도 학교 정원사' 활동	▶ 반려 식물에 대해 조사하기 ▶ 반려 식물 헌정 시 쓰기	▶ 식물 창작 그림책 만들기 – '달빛소리 수목원' 생태 체험 – 마인드맵으로 펼쳐진 식물 – 창문 카메라 활동 – 꽃 이름 삼행시 짓기

그림책 수업 첫 번째 걸음 작가 소개하기

봄바람에 풀잎들이 흔들리는 모습을 한동안 바라본 적이 있다. 한참을 바라보며 이런 생각이 들었다.

'만약 내가 눈을 감았다가 떴는데 앞에 식물이 하나도 없다면 어떤 느낌일까? 초록이 사라지고 온통 황갈색의 흙만 펼쳐져 있다면, 그리고 그 광경을 매일 봐야 한다면 어떨까?'

《우리 가족은 정원사입니다》를 통한 식물 프로젝트 수업은 하나의 생각에서 시작되었다. 나는 그림책을 읽어 줄 때 글을 쓰고 그림을 그린 작가에 대해서도 꼭 알려 준다.

그러다 보면 어느 순간 아이들이 이런 말을 할 때가 있다.

"선생님, 이 작가님 저번에 그 책 쓰신 분 아니에요?"

"이 그림 저번에 본 그림책 작가님 그림 같은데요?"

이런 말을 들을 때 책 수업 하기를 참 잘했다는 생각이 든다. 그림책에 대해 애정을 갖고 인식을 하는 자체가 책의 세계에 조금씩 빠져들고 있다는 신호이기 때문이다. 작가에 대한 소개를 마치고 그림책을 읽어 준 후 '나도 학교 정원사' 활동을 시작했다.

해바라기와 나팔꽃 씨앗을 준비하고 아이들에게 선택할 수 있는 기회를 줬다. 그런데 모든 아이들이 해바라기 씨앗을 선호했다. 처음에는 몰랐는데 나중에야 해바라기꽃은 본 적이 많은데 나팔꽃은 본 적이 없어서 그런 것 같다는 결론에 다다랐다. 결국에는 공평하게 가위바위보를 해서 이긴 사람이 해바라기 씨앗을 심고, 진 사람이 나팔꽃 씨앗을 심었다.

"너희가 바로 천서초의 정원사들이다!"

그림책 수업 두 번째 걸음 반려 식물 헌정 시 쓰기

씨앗을 심고 교실로 올라와서 화분에 꽃 이름도 적어 주었다. 《눈보라》의 여운에서 빠져나오지 못한 한 친구는 꽃 이름도 '눈보라'로 적었다.

또 다른 친구가 화분에 이름을 적으며 물어 왔다.

"선생님, 나팔꽃도 피면 예쁘죠?"

"그럼, 당연히 예쁘지."

옆에 있던 다른 친구의 말!

"야, 식물은 다 예뻐. 나팔꽃도 좋은 거야."

식물을 사랑하는 아이들의 말을 듣고 있으니 흐뭇했다. 활동지를 인쇄해서 아이들을 이끌고 컴퓨터실로 가 나팔꽃과 해바라기의 특징을 찾아 적는 과제를 주었다. 자신이 심은 씨앗이 싹을 트고 잘 자라기를 바라는 마음에 다들 열심히 찾았다. 어려워하는 친구는 짝을 지어서 함께 검색해서 적도록 했다.

과학 시간과 국어 시간을 연계한 그림책 수업이 거의 끝나 가는 중이다. 방금 심은 나팔꽃과 해바라기에 대해 시를 쓰면서 식목일 수업을 마무리했다. 여유가 있는 선생님들은 아라이 마키의《나팔꽃》과《해바라기》를 함께 읽어 주면 좋겠다.

나팔꽃과 해바라기 화분

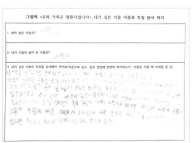

식물 잘 키우는 방법 조사하기

그림책 수업 세 번째 걸음 창작 그림책 만들기

《우리 가족은 정원사입니다》에서 가장 큰 시간을 들인 부분은 개별적으로 식물 그림책을 만드는 부분이었다. 식물 그림책 창작은 한두 시간에 마무리하지 않고 일주일 이상의 시간을 들여 조금씩 완성했다. 학교 근처에 있는 달빛소리 수목원에 가서 꽃 사진을 찍어 스크랩북에 붙이기도 하고 꽃 이름으로 마인드맵을 만들어 그려 보기도 했다. 창문 카메라 활동은 종이에 창문 모양처럼 구멍을 만든 다음 그 안으로 풍경을 촬영하는 방법이다. 아이들에게 학교를 돌아다니며 아름답다고 생각하는 것을 찍어 오도록 안내했다. 꽃을 찍어 온 친구, 'LOVE'라고 쓰인 글귀를 찍어 온 친구, 자신의 단짝 친구를 찍어 온 친구 등 다양한 모습이 담긴 작품이 완성되었다. 꽃 이름으로 삼행시도 짓고, 진짜 작가가 된 것처럼 작가의 말을 쓰며 식물 그림책 창작 활동을 마무리했다.

식물 그림책

식물 그림책 창문 카메라와 작가의 말

✿ 무조건 바다부터 살린다! ✿

할머니의 용궁 여행
권민조 글·그림

저학년부터 고학년까지 함께 즐길 수
있는 환경 그림책
#플라스틱문제 #해양생태계살리기
#별주부전패러디

생태 환경 수업을 생각하고 있는 선생님들이 간혹 어떤 그림책이
좋은지 물어보곤 한다. 그때마다 강력하게 추천하는 그림책이 있다.
바로 이번에 소개하는 《할머니의 용궁 여행》이다. 작가가 초등학교
선생님이어서 그런지 아이들에게 쉽게 다가가는 법을 아는 것 같다.
글과 그림 모두 재미있어서 아이들이 쉽게 집중하고 재미있어하는

첫 번째 걸음	두 번째 걸음	세 번째 걸음
▶ 《할머니의 용궁 여행》 읽기 ▶ 나도 글자 디자이너	▶ 4월 22일 지구의 날 – 그림책과 연결해 거북이 영상 감상 – '거북이와 플라스틱' 노래 부르기 – 환경 보호 포스터 만들기	▶ 온라인 환경 보호단 ▶ 오프라인 환경 보호단

작품이다. 작가는 아이들에게 익숙한 《별주부전》을 차용하여 바다를 살리는 메시지를 담아낸 그림책으로 재탄생시켰다. 구수한 사투리와 면지에 적혀 있는 해녀 수칙 등은 아이들과 이야기 나눌 거리를 전해 주는 또 다른 재미다.

책 제목 다시 디자인하기

그림책 읽기 전 활동으로 《할머니의 용궁 여행》을 가지고 지우개 지우기 활동을 했다. 지우개 지우기 활동은 2부 《나, 비뚤어질 거야》 수업 아이디어에서 소개한 활동이다. 읽기 전 활동으로 가볍게 그림책에 호기심을 가지게 만든 후 본격적으로 사투리를 살려 책을 읽어 줬다. 그림책 자체가 재미있어서 아이들이 집중을 잘하기 때문에

'할머니의 용궁 여행' 글자 다시 디자인하기

사투리를 못 한다고 해도 걱정할 것이 없다. 그림책에 관한 이야기를 나눈 후 '나도 글자 디자이너' 활동을 이어 갔다.《할머니의 용궁 여행》제목을 보면 단순히 글자로 쓰여 있는 것이 아니라 일부분이 그림책 내용과 관련된 그림들로 꾸며져 있다. 여기에서 아이디어를 얻어 아이들에게 제목을 다시 디자인해 보자고 했다. 이때 예쁘게 디자인하는 것이 중요한 것이 아니라, 환경을 오염시키는 물품들로 글자를 꾸미는 것이 포인트라고 말해 주어야 한다.

그림책 수업 두 번째 걸음 '지구의 날' 활동하기

그림책을 수업할 때가 마침 4월 22일 지구의 날이었다. 의도한 것은 아니었지만 잘 연결하면 재미있는 활동들이 나올 수 있을 것 같

지구의 날 포스터 만들기

았다. 플라스틱으로 고통 받고 있는 거북이 영상을 감상한 후 '거북이와 플라스틱' 노래를 듣고 불러 보는 시간을 가졌다. 노랫말을 나눠 맡아서 뮤직비디오를 만들기 위해 표현하기도 했고, 세 모둠으로 나눠 환경 보호를 위한 포스터 만들기도 진행했다. 포스터는 15일 동안 학교에 붙여 놓고 다른 학년 아이들도 환경에 대해 관심을 갖도록 캠페인을 벌였다.

그림책 수업 세 번째 걸음 온·오프라인 캠페인 벌이기

《할머니의 용궁 여행》수업은 플라스틱이 바다를 얼마나 오염시키고 있는지 많은 사람들에게 알리는 것이 핵심이었다. 교실에서 그림책을 읽고 끝나는 것이 아니라 SNS를 활용해 온라인 캠페인을 벌

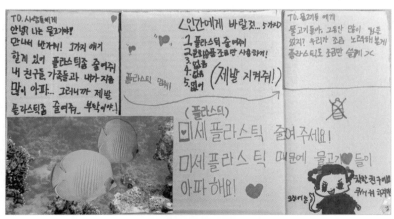

택배 상자로 환경 보호 캠페인 벌이기

이고, 피켓을 만들어 오프라인 캠페인을 벌이는 것이 최종 활동이었다. 그림책에 나온 고통 받고 있는 동물들을 주인공으로 등장시켜 택배 상자에 도움을 요청하는 내용을 적어 캠페인 활동을 펼쳤다. 자신이 바다 생물이 되었다고 생각하고 사람들에게 하고 싶은 말을 써 보도록 했다. 온라인 캠페인은 카드 뉴스로 바다를 구하자는 메시지를 담은 내용을 만들어 SNS에 공유했다.

동물권 그림책 수업

생태 환경 프로젝트 수업을 운영하다 보니 자연스럽게 동물권에 대해서도 관심이 갔다. 생태 환경과 동물권은 따로 떼어져 있는 부분이 아니라 우리가 살아가는 지구를 보호하기 위해, 친환경적 삶을 살기 위해 함께 공부하고 배워서 실천까지 연결해야 하는 문제이기 때문이다. 동물권 프로젝트 수업을 하기 위해 그림책을 찾아보니 동물권에 대한 이야기를 담은 그림책이 많이 출간되고 있었다.

다양한 동물권 이야기를 담은 그림책들을 보면서 사람들이 동물권에 대해 관심을 갖게 될 거라는 생각도 들었지만 왠지 마음 한구석이 불편했다. 사람들이 동물권을 잘 보호하고 지키고 있으면 동물권을 다룬 그림책이 나올 일이 없다. 생태 환경과 관련된 그림책도 마찬가지다. 이쪽 분야의 그림책이 계속 나오고 있다는 것은 어찌 보면 점점 더 안 좋은 쪽으로 흐르고 있다는 사실을 보여 주는 것이다. 동물권에 대한 그림책이 더는 나오지 않기를 바라는 간절한 마음을 담아 '동물권 프로젝트 수업'을 시작하였다.

✤ 동물의 마음에 감정 이입하기 ✤

우리 여기 있어요, 동물원
허정윤 글, 고정순 그림

동물원에 대한 네 생각을 들려줘~
#동물원가치수직선토론
#동물의입장되어보기

첫 시작은 가족들과 함께 가거나 학교에서 현장 체험 학습으로 자주 가는 장소인 동물원에 대한 이야기로 문을 열었다. 솔직히 말하면 나는 동물원에 반대하는 입장이다. 하지만 이 수업의 핵심은 선생님 마음을 잘 숨기고 수업을 이끌어 가는 것이다. 선생님 의도를 눈치채면 아이들은 자신의 솔직한 마음을 숨기고 선생님 의견을 따를 것이기 때문이다.

《우리 여기 있어요, 동물원》은 길지 않은 글로도 보는 이의 생각을 어떻게 자극할 수 있는지를 보여 주는 그림책이다. 동물원에 있는 동물들이 자신의 이야기를 하는 부분에서 마음 한쪽이 서늘해지는 것은 나뿐일까.

첫 번째 걸음	두 번째 걸음	세 번째 걸음
▸ 동물원을 주제로 마인드 맵 만들기 ▸ 동물원 찬반 토론 사전 조사	▸ 가치 수직선 토론하기 ▸ 《우리 여기 있어요, 동물원》 읽기 ▸ 동물원에 대한 생각 다시 나누기	▸ 동물 입장에서 하고 싶은 말

그림책 수업 첫 번째 걸음 마인드맵 만들기

그림책 수업의 대부분은 정규 교육 과정 내에서 이루어지지만 이번은 예외적으로 미리 과제를 내고 시작했다. 활동지를 나눠 주고 동물원에 대해 어떻게 생각하고 있는지 가정에서 자료를 조사해서 동물원의 좋은 점과 안 좋은 점을 적고, 자신의 생각을 밑에 적도록 안내했다. 아이들이 해 온 과제를 토대로 두 가지 그림책 읽기 전 활동을 진행했다. 하나는 동물원 하면 떠오르는 단어를 마인드맵으로 표현해 보는 활동이다. 다른 하나는 동물원에 대해 조사한 내용을 돌아가며 발표하고 다른 친구들은 어떤 생각을 가지고 있는지 들어 보는 시간이었다.

그림책 수업 두 번째 걸음 동물원에 대한 생각 나누기

가치 수직선 토론은 주제에 대한 자신의 생각을 숫자로 나타내므로 한눈에 알아보기 쉽다는 장점이 있다. 점수에 따라 자신의 생각을 펼쳐 나가는 점도 매력적이다. 이번 주제는 '동물원이 우리 삶에 필요하다고 생각하는가?'였다. 필요하다고 생각하면 10점에 가깝게, 필요 없다고 생각하면 1점에 가깝게 점수를 매기면 된다. 칠판에 수직선을 그려 놓고 포스트잇에 이름을 적어 붙일 수도 있지만 아이들이 자유롭게 움직일 수 있는 공간을 만들어 주고 싶어서 원마커를 활용해 가치 수직선 토론을 진행했다. 일렬로 1부터 10까지 쓰인 원마커를 놓으면 아이들은 자신이 생각하는 점수에 가서 앉으면 된다. 모두 앉으면 사회자가 아이들의 의견을 듣고, 그 의견에 대해 다른 의견이 있는 친구가 있으면 내용을 덧붙이면서 토론이 진행된다.

토론이 끝난 다음 《우리 여기 있어요, 동물원》을 읽어 주었다. 그림체도 어두운 계열을 사용했고 내용도 무겁기에 아이들 표정도 절로 진지해졌다. 그림책을 다 읽고 난 후 동물원에 대한 생각이 바뀌었는지 다시 이야기 나누는 과정을 거쳤다.

원마커를 활용한 가치 수직선 토론

그림책 수업 세 번째 걸음 **동물에 공감하는 피켓 만들기**

《우리 여기 있어요, 동물원》에는 동물원에서 살아가는 다양한 동물들이 나온다.

아이들에게 말했다.

"선생님이 그림을 다시 보여 줄 거야. 너희는 그림을 잘 보면서 마음에 들어오는 동물이 있으면 선생님에게 알려 줘."

천천히 그림을 넘기면서 아이들 반응을 살펴봤다. 아이들은 마음에 들어온 동물이 있으면 손을 들고, 나는 포스트잇에 학생의 이름을 적어 그 장면에 붙여 놓았다. 동물을 다 정한 후에는 아이들마다 뽑은 장면을 복사해 나눠 주었다. 아이들은 4절지 왼쪽에 동물 그림을 오려서 붙이고 오른쪽에는 동물의 입장이 되어 사람들에게 하고 싶은 말을 적었다. 이렇게 바다 생물 캠페인에 이어 또 한 번의 동물 보호 캠페인 활동이 이어졌다.

동물 입장에서 하고 싶은 말 1

동물 입장에서 하고 싶은 말 2

다른 존재에 대해
생각해 본 적 있나요?

내 이름은 푸른점
쁘띠삐에 글·그림

아기 돼지를 통해 공장식 축산에 대해
생각해 보는 시간
#푸른점의의미 #공장식축산문제 #동물권

공장식 축산은 최소 비용으로 최대 효과를 내기 위해 동물을 한 정된 공간에 몰아넣고 대규모로 밀집 사육하는 방식을 말한다. 문제는 좁은 공간에서 많은 수의 동물들을 기르기 때문에 위생 환경도 좋지 않고, 동물들이 스트레스를 받아 병에 걸리기도 쉽다는 것이다. 또한 공장식 축산으로 길러지는 동물들은 유통 전에 죽으면 안 되기 때문에 항생제와 항균제인 성장 촉진제도 많이 투여된다. 2015년에 개봉한 황윤 감독의 〈잡식가족의 딜레마〉는 동물권 수업을 하기 전에 보면 좋은 영화다.

첫 번째 걸음	두 번째 걸음
▶ 제목으로 생각 꺼내기 ▶ 《내 이름은 푸른점》 읽기	▶ 짝 소감 나누기 ▶ 《내 이름은 푸른점》 활동

그림책 수업 첫 번째 걸음 **이야기 전개 예상하기**

《나의 비거니즘 만화》(보선 글·그림)를 읽었다. 공장식 축산에 대한 내용이 만화 형태로 자세하게 담겨 있었다. 그런 사실을 모르고 살아온 나는 굉장히 큰 충격을 받았다. 내가 알게 된 사실을 아이들에게도 들려주고 싶은 마음이 들었다. 돼지에 관한 이야기를 찾다가 《내 이름은 푸른점》이라는 그림책을 알게 되었다. 4학년 아이들에게 공장식 축산에 대한 이야기를 들려주기에 적당하다는 생각이 들었고, 동물권 수업 두 번째 이야기는 이렇게 시작되었다.

아이들에게 《내 이름은 푸른점》이 무슨 뜻일지, 어떤 이야기가 전개될 것 같은지 물어봤다.

제목과 표지를 관찰한 후 다양한 대답이 쏟아졌다.

"표지에 돼지가 보이고 엉덩이가 파란 것을 보니 돼지 이름이 푸른점 아닐까요?"

그림책 수업을 쭉 해 와서 그런지 이제 어느 정도 내용을 잘 유추하기 시작한다. 그림책을 읽어 가면서도 중간에 멈추고 공장식 축산에 대해 아이들 눈높이에 맞춰 설명해 줬다.

그림책 수업 두 번째 걸음 **다른 사람의 말 경청하기**

다 읽은 후에는 개별 질문을 하나씩 만든 후 짝과 번갈아 가며 질문을 던지고 답하는 활동을 했다. '짝 토론'은 '하브루타 토론'이라고도 하는 방식으로, 질문을 만들고 서로 대화를 나누는 과정에서 생각이 깊어지고 다른 사람의 말을 경청하는 능력도 기를 수 있다는 장점이 있다. 짝 토론을 마친 후 그림책에 대한 내용 파악이 어느 정도 되었다고 생각해 푸른점에게 보내는 편지와 《내 이름은 푸른점》을 읽고 난 소감을 시로 써 보는 활동으로 마무리를 지었다.

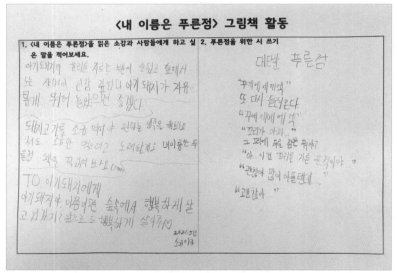

《내 이름은 푸른 점》활동지

✿ 지구 시계 9시 47분 ✿

다파헤쳐 도도새의 탐정 일기
닉 크럼턴 글, 롭 호지슨 그림

멸종 동물에 관한 지식 정보 그림책으로
배경 지식 쌓기
#지식정보그림책 #멸종위기종
#우리가해야할일은

'동물권 프로젝트 수업'의 마지막은 멸종했거나 멸종 위기에 처해
있는 동물들에 대해 알아보는 시간이었다. 《다파헤쳐 도도새의 탐정
일기》는 지식 정보 그림책으로 지구상에 존재했지만 현재는 사라진,
앞으로 사라질 동물들에 대해 자세하게 설명하는 책이다. 이 수업을
할 때는 출간 전이어서 연계해 읽어 주진 못했지만, 이 글을 보고 수

첫 번째 걸음	두 번째 걸음
▸ 멸종 동물 영상 감상 ▸ 《다파헤쳐 도도새의 탐정 일기》 서클 형식으로 읽기 ▸ 마음에 드는 한 장면 고르고 소감 말하기	▸ 《다파헤쳐 도도새의 탐정 일기》 모둠 과제 해결하기 ▸ 동물 비누 만들기

업할 선생님들은 《09:47》(이기훈 글·그림)도 함께 읽어 주면 더 풍성한 이야깃거리가 있는 수업이 될 것이다.

그림책 수업 첫 번째 걸음 호기심 끌어내기

집에서 삼남매와 함께 생활하다 보니 자연스럽게 동물에 관한 책들을 자주 접하게 된다. 《이유가 있어서 멸종했습니다》(마루야마 다카시 글, 사토 마사노리 외 그림)는 동물들 모습이 실려 있어 아들이 특히 좋아하는 책이다. 이 책을 읽어 주면서 동물권 프로젝트 수업의 마지막은 멸종 동물에 관한 이야기를 해야겠다는 생각이 들었다. 그림책을 읽기 전 멸종 동물 영상을 통해 호기심을 유발하는 작업을 했다. 지식 정보 그림책이기 때문에 평소에 읽는 그림책보다 글밥이 꽤 많다. 읽어 주려면 목이 남아나지 않을 것 같아서 모두 읽지는 못하고 몇 부분만 아이들과 돌아가면서 읽는 방식으로 수업을 진행했다.

《다 파헤쳐 도도새의 탐정 일기》를 읽어 준 후에는 멸종되어서 아쉬운 동물이 무엇인지, 다시 살릴 수 있다면 어떤 동물을 살리고 싶은지 정하고 이유도 함께 들어 보는 시간을 가졌다.

그림책 수업 두 번째 걸음 내용 이해 확인하기

《다파헤쳐 도도새의 탐정 일기》가 지식 정보 그림책이기 때문에 아이들이 내용을 잘 이해하고 있는지 확인해 보기 위해 모둠을 나눠 활동을 진행했다. 미리 활동지에 멸종 동물 또는 멸종 위기에 놓여 있는 동물들의 특징을 적어 놓으면 아이들은 보기에서 동물의 이름을 찾아 적는 놀이였다. 열두 개 중에 여덟 개 이상을 맞혀야 성공이라고 하자 아이들의 불평과 불만이 쏟아졌다.

"어떻게 여덟 개나 맞혀요? 절대 못 해요."

어르고 달래기 신공에 들어갔다.

"애들아, 선생님이 평소에 뭐라고 했지? 처음부터 포기하는 것과 내가 할 수 있다고 믿고 끝까지 해 보는 것 중에 어떤 마음가짐이 중요하다고 했어? 모둠이 상의해서 정답에 한번 도전해 보자."

아이들이 과제를 해결하고 정답을 공개하는 시간은 언제나 떨린다. 와우! 이럴 수가! 세 모둠 모두 정확하게 답을 적어 냈다. 아이들도 이번 경험을 통해 포기하지 않고 도전하는 것이 얼마나 중요한지 알게 되었을 것이다.

모둠 과제까지 마무리한 후 마지막으로 멸종 위기 동물을 담은 비누를 만들었다. 미리 DIY 키트를 준비하고 아이들에게 동물을 고를 수 있도록 선택권을 줬다. 원래는 과제를 잘 해결한 모둠부터 고르게 할 예정이었는데, 모두 정답을 맞혀 눈치 게임으로 진행했다. 눈치 게임을 통해 우승한 모둠부터 원하는 동물이 담긴 비누를 선택하고 나만의 비누 만들기에 돌입했다. 비누를 만들 때는 화상을 입을 수 있기에 각별한 주의가 필요하다. 아무리 좋은 수업도 아이가 다치면 의미가 퇴색되고 마니까.

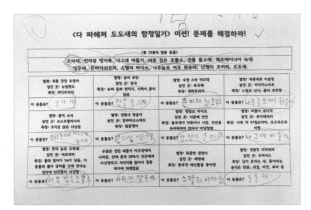

모둠 과제 활동하기

멸종 동물 비누 만들기

교육 연극, 예술과 만난 그림책 수업

　초등학교 국어 교과서를 살펴보면 1~6학년까지 빼놓지 않고 연극 요소가 들어간 단원이 있다는 걸 알 수 있다. 2학년 2학기 교과서를 보면 그림책《팥죽 할멈과 호랑이》(박윤규 글, 백희나 그림)를 대본 형태로 제시하고 역할극을 하며 즐길 수 있도록 구성해 놓았다. 2015 국어과 개정교육과정에서는 '한 학기 한 권 읽기'라고 불리는 '독서 단원'이 신설되었고, 5학년 2학기부터는 '연극 단원'을 신설하여 교과서에 교육 연극을 할 수 있는 장을 마련해 놓았다. 그림책은 교육 연극과 연계해서 수업하기 좋은 자료다. 그림책의 글을 대본 형식으로 바꾸어 교육 연극을 하면 아이들도 그림책의 세계에 좀 더 가까이 다가오게 될 것이다.

　그림책과 예술을 결합시켜 수업에 적용해 보고 싶은 생각은 예전부터 가지고 있었다. 하나의 예술 작품인 그림책을 가지고 예술가들의 삶과 작품을 연결 지어 수업한다면 재미있는 활동이 될 거라는 생각이 들었다. 휴대폰 케이스, 유리컵, 포스터 등 다양한 물건들을 통해 만나기 쉬운 화가들을 선정하고 그림책과 예술 프로젝트를 시작하였다.

❋ 모두의 예술을 추구한 화가 ❋

키스 해링의 낙서장
매슈 버제스 글, 조시 코크런 그림

키스 해링을 따라 선으로 만들어 가는
예술 활동하기

#키스해링 #라인클레이활동
#실로만드는협동작품

키스 해링은 누구나 예술을 누릴 수 있어야 한다고 생각하고 뉴욕 지하철 검은 벽을 캔버스 삼아 활동한 화가다. 미국 작가인 윌리엄 S. 버로스는 키스 해링에 대해 이렇게 말했다.

"키스는 뉴욕 지하철 시스템의 일부나 다름없다. 해바라기를 보며 반 고흐를 생각하지 않을 수 없는 것처럼 뉴욕의 지하철을 이용하며 키스 해링을 떠올리지 않을 수는 없다."

되도록 오랫동안, 되도록 많은 사람을 위해, 가능한 많이 그릴 것이라고 이야기했던 키스 해링은 너무 이른 나이에 에이즈로 세상을 떠났다. 하지만 그의 작품들은 여전히 우리 곁에 남아 많은 아이들과 만나면서 새로운 이야기를 만들어 내고 있다.

첫 번째 걸음	두 번째 걸음
▶ 키스 해링 도슨트 활동 ▶ 《키스 해링의 낙서장》 읽기 ▶ 라인클레이로 작품 표현하기	▶ 《키스 해링의 낙서장》 릴레이 그림 그리기 ▶ 《키스 해링의 낙서장》 실로 협동 작품 만들기

그림책 수업 첫 번째 걸음 도슨트 활동하기

그림책과 예술을 연계한 수업을 계획할 때 처음으로 떠오른 미술가는 키스 해링이었다. 미술 교과서에도 작품이 실려 아이들에게 친숙하고 그의 작품들을 가지고 아이들과 해 볼 수 있는 활동들이 생각났기 때문이다. 시작은 키스 해링에 대해 간단하게 파워포인트로 설명하는 도슨트 활동을 전개했다. 작가에 대해 깊게 이야기를 나누지는 않지만 긴 호흡으로 만날 화가가 누군지는 아이들도 인식하고 있으면 좋기 때문이다.

간단하게 그림과 말로 설명해 준 후, 《키스 해링의 낙서장》을 읽어 줬다. 그림책의 글씨가 작고 글이 길기에 반드시 선생님이 한번 읽어 본 후 아이들에게 읽어 주면 좋겠다. 그림책에 그려진 키스 해링의 생애와 미술 세계는 아이들에게 어떤 의미로 가닿을까? 한 명의 아이라도 내면세계에 긍정적인 변화가 일어나길 꿈꾸며 예술 수업을 한다. 키스 해링이 선으로 그린 작품들을 가지고 작품 활동을 한 것을 본 적이 있을 것이다. 나는 재료만 살짝 비틀어서 아이들과 키스

| 라인클레이로 키스 해링 따라잡기 1 | 라인클레이로 키스 해링 따라잡기 2 |

해링 따라잡기 활동을 했다. 색칠 도구만 사용한 것이 아니라 OHP 필름과 라인클레이도 활용했다. OHP 필름에 라인클레이로 선을 따라 붙이고, 사인펜으로 속을 채웠다. 재료를 살짝 비틀어 보는 것만으로도 새로운 느낌을 낼 수 있으니 재료 비틀기를 꼭 기억해 두자.

그림책 수업 두 번째 걸음 실로 협동 작품 만들기

《키스 해링의 낙서장》을 보면 키스 해링이 청소년 시절에 자신과 뜻을 같이하는 친구와 그림 이어 그리기를 했다는 장면이 나온다.

그림책을 읽어 주는데 한 친구가 이렇게 말했다.

"선생님, 우리도 그림 이어 그리기 해 봐요."

아이들이 먼저 제안하는 활동은 어떻게든 시간을 확보해서라도 해 주려고 노력하는 편이다. 새로운 수업 활동을 제안한다는 건 그 수업에 몰입해 있다는 이야기고 자발성을 가지고 수업에 참여하려고 한다는 말이기 때문이다.

아이들에게 4절지를 한 장씩 나눠 주고 사인펜은 저마다 한 가지 색만 사용하도록 했다. 한 가지 색만 사용하도록 한 이유는 나중에 자신이 그린 게 어떤 부분인지를 쉽게 확인할 수 있도록 하기 위해서였다. 아이들은 제한 시간 동안 사인펜을 이용해 자신이 그리고 싶은 그림을 그렸다. 이때 어떤 그림을 완성하고 싶은지 본인 머릿속에 그려 두라고 안내했다. 시간이 되면 옆으로 넘겨서 친구의 그림에 이어서 그림을 그린다. 아홉 명의 친구들 모두 그림을 그린 후 자신의 작품을 받아서 감상하는 시간을 가졌다. 이때 두 가지 탄성이 들려왔는데, 하나는 만족의 탄성, 다른 하나는 이게 뭐냐는 뜻의 탄성이었다.

이어 그리기 감상까지 끝난 후에는 키스 해링 활동지에 자신의 작품 제목과 원래 의도 쓰기, 그림을 보고 이야기 만들기 활동까지 했다. 키스 해링과 연계한 마지막 활동은 선을 한 번 더 비틀어 표현해 보도록 했다. 대신 개별 활동이 아닌 전체 활동으로. 롤스케치북을 바닥에 쭈욱 펼치고 실 뭉치와 물감, 색연필, 사인펜 등을 주었다. 아이들은 실을 이리 붙이고 저리 붙인 후 물감에 묻혀서 그어 보기도 하고 색연필과 사인펜을 활용해 구체적인 모양을 만들기도 하면서 그림책과 예술 첫 번째 시간을 즐겁게 마무리했다.

이어서 그린 그림

이어 그리기 후
작품 보고 이야기 쓰기

✿ 컷아웃 기법의 선구자 ✿

마티스의 정원
사만사 프리드만 글, 크리스티나 아모데어 그림

컷아웃 기법을 활용해 앙리 마티스
따라 하기

#컷아웃으로만나는세상 #이카루스
#색채의마술사

《마티스의 정원》은 앙리 마티스의 인생 후반부 이야기를 다룬 그림책이다. 72세에 십이지장암에 걸려 더 이상 유화 그림을 그리지 못하자 앙리 마티스는 종이를 색칠하고 오려서 붙이는 컷아웃 기법을 활용해 작품 활동을 이어 간다. 초기에 앙리 마티스를 대표하는 색이 붉은색이었다면, 후반부에는 파란색 계열을 자주 사용하여 묘한

첫 번째 걸음	두 번째 걸음	세 번째 걸음
▶ 포스터북으로 앙리 마티스 작품 감상 ▶ 포스터 선택의 시간 ▶ 《마티스의 정원》 읽기	▶ 컷아웃 기법으로 작품 만들기 ▶ 앙리 마티스 작품 감상평 쓰기	▶ 〈이카루스〉 돋보기 관찰법

대비를 준다. 언제나 긍정적이고 밝은 그림을 그리고자 했던 앙리 마티스의 삶을 보며 아이들도 예술을 사랑하고 자신의 삶을 사랑하는 힘을 얻기를 바라본다.

그림책 수업 첫 번째 걸음 앙리 마티스 작품 감상하기

앙리 마티스는 개인적으로 매우 좋아하는 화가 중 한 명으로, 1900년대 세계 대전과 경제 공황 등으로 불안정했던 시절, 사람들에게 긍정과 위안을 주기 위해 밝은 그림을 그렸다. 나도 기운이 없을 때는 앙리 마티스의 그림을 보며 힘을 얻곤 한다. 앙리 마티스의 그림이 인쇄된 큰 포스터북을 미리 구입했다. 가격이 꽤 비쌌지만 아이들과 즐거운 예술 수업을 하기 위해서 그 정도 지출은 해야 한다는 생각이 들었다. 칠판에 앙리 마티스의 후반기, 컷아웃 기법으로 표현한 작품들 아홉 점을 붙여 놨다. 아이들은 칠판 앞에 나와 천천히 그림을 감상하며 자신의 마음에 들어온 작품을 하나씩 눈에 담았다. 칠판에 붙어 있는 그림을 하나씩 가지고 들어가 자신이 그 작품을 선택한 이유를 발표했다. 본격적으로 《마티스의 정원》 수업이 시작되었다.

그림책 수업 두 번째 걸음 **컷아웃 기법으로 작품 만들기**

아이들에게 말했다.

"우리도 앙리 마티스가 되어서 컷아웃 기법으로 나만의 작품을 표현해 보자."

이런 말을 할 때는 배를 이끄는 선장이 된 것처럼 기운차게 말해야 한다. 물론 나도 사람인지라 말하면서도 얼굴이 붉어지긴 한다.

하얀색 종이를 나눠 주고 가위와 스티커 색종이도 하나씩 줬다. 일반 색종이를 오려서 풀로 붙여도 되는데 바로 붙일 수 있는 스티커 색종이를 사용했다. 스티커 색종이도 파스텔 색종이, 무늬가 있는 색종이, 일반 색종이 등 다양하니 선생님의 수업 계획에 맞게 사용하면 좋을 것 같다. 여기서 중요한 점은 가위로 오려서 색종이를 붙이기만 하는 게 아니라 자신의 작품에 이름을 짓도록 해야 한다. 이 부분이 정말 창의성이 발휘되고 재미있는 부분이다. 아이들 나름대로 제목을 만들기 위해 자신이 만든 작품을 고민하면서 바라본다.

컷아웃 기법으로 창의성을 발휘한 후에 초반에 선택했던 포스터북을 가지고 작품 감상평을 쓰는 시간을 가졌다. 작품에 대한 설명을 미리 하지는 않았다. 작품에 대해 설명하면 아이들의 말랑말랑한 시선이 굳어 버릴 가능성이 있기 때문이다. 자신이 느낀 감정과 생각을 종이 위에 표현하기를 바랐다.

그림 제목은 '사랑에 빠진 젖소'

앙리 마티스의 컷아웃 작품
감상평 쓰기

그림책 수업 세 번째 걸음 〈이카루스〉 따라 하기

앙리 마티스 수업도 이제 마무리를 향해 달려가고 있다. 나는 앙리 마티스의 컷아웃 작품 중 〈이카루스〉를 가장 좋아한다. 여러분이 익히 알고 있는 신화 속 다이달로스의 아들 이카루스가 맞다. 그림과 신화를 연결해서 이야기를 들려주면 아이들도 집중해서 듣는다. 돋보기 대고 보듯이 그림을 자세하게 살펴보는 관찰법을 통해 〈이카루스〉를 감상하고 따라서 표현했다. 이때도 그림 일부 비틀기를 시도했다. 이카루스 모양은 그대로 따라 오리고 나머지 부분을 창의적으로 표현했다. 아홉 명의 예술가에게서 태어난 아홉 명의 이카루스가 보였다.

작품을 따라 만든 뒤에는 작품에 대해 글을 쓰는 시간을 가졌다. 제목을 새롭게 붙인다면 어떤 제목일지, 가슴 안에 보이는 빨간색 점은 무얼 의미하는지, 이 작품을 보고 이야기를 만들어 본다면 어떤 이야기가 나올지를 활동지에 적은 후 발표하는 시간을 갖고 수업을 마무리했다.

〈이카루스〉 비틀기

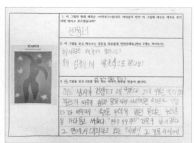

〈이카루스〉 깊이 감상하기

〈도깨비의 선물〉, 현대식 버전으로 탄생하다

답답이와 도깨비
하수정 글·그림

현대 버전으로 바뀐 〈도깨비의 선물〉
#답답이와도깨비모습예상하기
#또다른도깨비그림책 #교육연극

표지의 파란 색감이 강렬해 한여름에 보면 절로 땀이 식어 버릴 것 같다. 《답답이와 도깨비》는 우리가 잘 알고 있는 옛이야기 〈도깨비의 선물〉에서 모티브를 가져온 이야기다. 옛이야기가 새로운 현대식 버전으로 탄생하는 과정을 보는 건 그림책을 읽는 또 다른 재미다. 아이들에게 읽어 줄 때 두 가지 버전의 이야기를 함께 들려주면 더 좋다. 이 그림책의 묘미는 우직하고 느린 성격을 가진 답답이와 빨간 스니커즈를 신은 도깨비의 대화에 있다.

도깨비는 답답이를 자신이 본 대로 판단하지 않고 물어봐 준다.

"근데 넌 좋아하는 게 뭐니?"

상대를 알기 위해서는 물어봐야 한다. 그건 교실 상황에도 똑같이 적용된다. 다른 친구를 미리 판단하지 말고 가까이 가서 물어보고 생각을 들어 보는 과정에서 배려와 공감이 흐르는 교실이 만들어진다.

첫 번째 걸음	두 번째 걸음
▶ 글로만 읽는 그림책 활동 ▶ 답답이와 도깨비 캐릭터 상상해 　서 표현하기	▶ 《답답이와 도깨비》 읽기 ▶ 《답답이와 도깨비》 교육 연극 준비하기 ▶ 《답답이와 도깨비》 교육 연극 및 감상하기

그림책 수업 첫 번째 걸음 글만 먼저 읽어 주기

일반적으로는 그림책을 보여 주며 수업을 진행하는데 이번에는 색다르게 시도해 봤다. 그림책을 보여 주면서 읽는 방식이 아니라 그림책에 실린 이야기만 읽어 주고 어떤 내용이 펼쳐질지 머릿속에 그림을 그려 보며 듣도록 했다. 글만 읽어 주는 방식에 아이들은 당황하는 듯했지만 금세 듣기에 집중하는 모습을 보여 주었다.

여기서 아이들에게 과제를 하나 주었다. 《답답이와 도깨비》 캐릭터들을 상상해서 표현해 보기! 글만 들은 상태에서 답답이와 도깨비의 캐릭터를 4절지 한가운데에 그리고 모서리 네 군데에 인물의 특징, 나이, 좋아하는 것, 싫어하는 것 등을 적어 보도록 했다. 한 명씩 앞에 나와서 자신이 그린 캐릭터를 발표하는데 이곳저곳에서 웃음이 터져 나왔다. 나도 웃음을 참느라 힘들었다. 과연 아이들이 상상

답답이 상상한 모습　　　　　　　　도깨비 상상한 모습

해서 그린 캐릭터들과 작가가 그린 캐릭터는 얼마나 일치할까?

그림책 수업 두 번째 걸음 **그림책으로 연극하기**

아이들의 궁금증이 폭발할 때쯤 《답답이와 도깨비》를 슬그머니 보여 주었다. 그림책 표지에 그려진 답답이와 도깨비를 보고 아이들의 탄성이 터져 나왔다. 비슷하게 그린 친구 얼굴에는 자신감이 차올랐다. 그림책을 펼치고 천천히 읽어 주었다. 글로만 그렸던 장면이 눈앞에 나타나니 머릿속의 생각과 그림책 장면이 겹치면서 자연스럽게 그림책을 보는 집중력이 높아졌다.

이번 그림책의 하이라이트는 그림책으로 연극하기였다. 그림책 내용을 연극 대본으로 바꾸는 작업부터 시작했다. 글이 꽤 길다 보니 아이들이 힘들어하는 모습이 보였다. 이 그림책으로 연극 대본 만들기를 시도할 선생님들은 모둠을 만들어 저마다 쪽수를 정해 주고 하는 것이 좋겠다. 대본을 만든 후에는 아홉 명의 대본을 모아 잘 만들어진 부분들을 이어 붙여서 하나의 최종 완성본을 만들었다. 연극 대본이 나왔으면 이제 무엇을 해야 할까? 그렇다. 배우를 섭외해야 한다. 이번 배우 섭외는 아이들의 선택으로 결정했다. 아홉 개의 배역이 적힌 활동지를 나눠 주고 각 캐릭터 옆에 친구 이름을 적도록 했다. 가장 많은 이름이 적힌 친구가 배역을 가져가는 방식이다.

실제 연습에 앞서 종이에 캐릭터를 그리고 나무젓가락에 붙여서 낭독극 형식으로 먼저 연습했다. 자신의 대사를 정확하게 알려 주기 위한 사전 작업이었다. 낭독극이 끝난 후 일주일의 연습 시간을 주었다. 연습 시간을 주긴 했지만 방과 후와 자투리 시간이 거의 없기에 연습이 잘 이루어지진 않았다. 그래서 국어 시간을 활용해서 최종 리허설을 마무리하고 《답답이와 도깨비》 공연을 펼쳤다. 꽤 오랜 시간이 걸렸지만 그림책을 가지고 연극까지 해 보는 경험은 아이들에게도 강렬한 기억으로 남았을 거라고 확신한다.

그림책 낭독극

그림책으로 교육 연극하기

4부

아이들이 신나서 하는
그림책 창작 수업

지금까지 교실 책방을 구성하는 네 가지 요소, 그림책 큐레이션, 그림책 수업 실천 사례를 살펴봤다. 이제 그림책으로 할 수 있는 가장 창의적인 작업, 그림책 창작에 대해 이야기할까 한다. 그림책 창작이라고 하면 어떤 생각이 가장 먼저 떠오르는가? 좀 더 쉽게 문제를 내 보겠다. 그림책 창작이 쉬울 것 같은가, 어려울 것 같은가? 대부분의 선생님들이 "어렵다."고 대답할 것 같다. 나도 처음 시작할 때 그랬으니까.

그림책 수업을 하면서 가장 시간이 오래 걸리고 지도하기 어렵지만 그만큼 보람을 얻을 수 있는 것이 아이들이 스스로 그림책을 창작하는 것이다. 그림책으로 처음 수업을 계획하시는 분은 창작이라는 낱말이 굉장히 두렵게 느껴질 것이다. 나도 처음 시작할 때는 그림책 창작에 관해 아는 것이 하나도 없어서 망설이다가 포기한 적이 몇 번 있었다. '창작'이라는 낱말은 왠지 사람을 작아지게 만들기도 한다. 선생님도 그림책을 만들어 본 경험이 드문데 아이들에게 그림책을 만들도록 지도한다는 자체가 어렵게 느껴지기 때문이다. 또 교육 과정을 운영하는 데 있어 그림책을 만들 시간 여유가 없다고 느끼는 선생님들도 있고, 그림책 창작이 꼭 필요한지 물어보는 분들도 있다.

모든 선생님이 그림책 창작을 해야 하는 건 아니다. 당연히 그렇게 운영되어서도 안 된다. 하지만 교실 속 그림책 창작을 하고자 하는 선생님들에게는 도움이 될 수 있는 이야기를 건네 보려 한다. 이야기를 듣고 나면 그림책 창작이 그렇게 어렵지 않다는 것을 알 수 있을 것이다. '나도 올해는 아이들과 그림책 창작에 한번 도전해 볼까?'라는 생각만 들어도 괜찮다. 한번 해 보려고 생각하는 것과 처음부터 '나는 못 해!'라고 생각하는 것에는 큰 차이가 있으니까.

아이들과 함께 그림책 창작한 걸 보면 자신감을 얻을 수 있지 않을까 생각한다. 선생님들 머릿속에 '저것도 그림책 창작이었어?', '저 정도는 나도 할 수 있겠는데.'라는 생각이 들면 좋겠다. 이 이야기를 발판 삼아 선생님들 학급에서도 그림책 창작의 꽃이 피어나기를 바란다. 물론 책을 읽고 독후 활동을 해야 하는 것처럼, 의무 사항은 아니니 부담을 가질 필요는 없다.

모든 교육 활동이 그런 것처럼 그림책을 창작하는 과정에는 정답이 없다. 그 이유는 전국에서 아이들을 가르치는 선생님들이 저마다 다르기 때문이다. 지역에 따라, 학교에 따라, 학급 문화까지 모든 것이 다르다. 선생님과 학생의 상호 작용으로 만들어 내는 기운도 다르다. 여기서 말하는 것은 한 선생님이 해 본 그림책 창작 경험의 일부일 뿐이다. 여기 나와 있는 내용을 참고는 하되 선생님 자신만의 길을 만들어야 한다. 우리나라 학급 수만큼 많은 그림책 창작의 길이 열리길 바라며 그림책 창작에 대해 궁금해하는 부분을 위주로 이야기를 시작해 보자. 질문에 대한 이야기를 마무리한 후에는 한 해 동안 학급에서 아이들과 창작했던 그림책들을 나눠 보려 한다.

그림책 창작에 관한 질문과 대답

Q1. 그림책 창작은 어떤 순서로 진행되는지요?

그림책을 창작하기 위해 가장 중요한 요소가 뭔지 아시나요? 저는 용기라고 생각합니다. 실패를 두려워하지 않고 무턱대고 시작할 용기 말입니다. 학기 초가 되면 아이들에게 공언하세요. 학급 교육 철학을 이야기하기 가장 좋은 때는 3월 첫 주입니다. 그때가 아이들 집중도가 가장 높거든요. 아직 학급에 대한 적응이 덜 끝나고 선생님과 서로 맞춰 가는 시기이기 때문에 선생님 말을 들을 확률이 가장 높습니다. 그래서 저는 3월 초에 아이들에게 '봉봉샘 교실 책방'에 대한 이야기를 해 줬습니다. 올해 선생님이 중점을 두는 영역에 대해 이야기해 주면 아이들도 올해 우리 반이 어떻게 흘러갈 것이라는 것을 예측할 수 있습니다. 대신 선생님이 모든 것을 다 정해 놓고 따르라고 하지 말고 핵심 포인트 몇 가지만 정해 주고, 나머지는 아이들과 함께 이야기를 나누면서 만들어 가는 것이 좋습니다.

학기 초에 그림책 창작을 할 거라는 이야기를 해 놓으면 아이들에게도 암시가 되고 선생님에게도 빠져나갈 수 없는 강력한 암시 효과를 발휘합니다. 일단 한다고는 했으니 어떻게든 하게 되거든요. 부담을 안고 고민하다 보면 신기하게도 그림책 창작에 대한 아이디어가 생각나기 시작합니다. 그게 그림책 창작을 하는 첫걸음입니다.

그림책을 창작할 때는 어떤 형태로 그림책을 만들지를 정해야 합니다. 반 전체 아이들이 합동으로 그림책을 만들 것인지, 개별적으로 한 권씩 그림책을 만들 것인지, 원하는 아이들이 모여서 모둠 그림책을 만들 건지를 말이지요. 추천하는 방법은 처음 그림책 창작을 하는 선생님들은 욕심내지 말고 세 가지 형태 중 하나만 잡아서 해 보라는 것입니다. 소규모 학급에서는 개별적으로 한 권씩 그림책을 만들어도 좋습니다. 선생님이 개별 지도를 해도 시간이 오래 걸리지 않기 때문이지요. 반대로 대규모 학급에서는 학급 그림책 또는 모둠 그림책을 만드는 것이 조금 더 수월합니다. 학생 수가 많다 보면 개별적으로 봐주는 것이 힘들어 선생님이 먼저 지칠 수가 있습니다.

다음은 그림책의 주제를 잡는 것입니다. 제가 주로 이용하는 방식으로 말씀드릴게요. 학급 그림책 또는 모둠 그림책일 때는 그림책 한 권을 읽고, 그림책과 연계된 내용으로 만드는 방법이 쉽습니다. A4 종이 또는 8절 도화지를 준비합니다. 반을 접어서 가운데 접히는 부분에는 그림과 글을 넣지 않도록 안내하고 개인별로 한 장씩 작품을 만들도록 합니다. 각자 자신의 마음 상태와 관련된 요리를 도화지를 반 절 접어서 표현합니다. 아이들이 열 명이라면 두 개씩 표현해서 모으면 본문만 20쪽의 학급 그림책이 완성됩니다. 앞표지와 뒤표지를 그려서 넣고 면지도 집어넣어서 묶으면 이게 바로 학급 그림책 창작이 되는 겁니다. 대신 이때는 순수 창작 그림책이라기보다는 어떤 그림책을 활용해서 만든 그림책이라고 밝혀 주면 좋겠지요.

　개별 그림책 창작에는 두 개의 방법이 있습니다. 첫째는 아이가 처음부터 끝까지 이야기를 만들고 그림을 그려서 표현하는 방법, 둘째는 패러디 그림책 형태를 띠는 것입니다. 저는 그림책 창작에 들어가기 전에 아이들에게 물어봅니다. 전자의 방법으로 그림책을 만들 것인지, 후자의 방법으로 그림책을 만들 것인지를요. 그림책 창작을 하다 보면 처음에는 자신이 스스로 이야기를 만들겠다고 호기롭게 외친 아이도 어떻게 만들지 몰라서 못 하겠다고 오는 경우도 종종 있습니다. 그럴 때는 패러디 형태로 그림책을 만들어 보는 것은 어떨지 권합니다. 2018년 3학년을 데리고 그림책 창작을 할 때도 어려워하는 아이가 있어서 《친구를 화나게 하는 10가지 방법》(실비 드 마튀이시옥스 글, 세바스티앙 디올로장 그림)을 패러디해 '친구와 사이좋게 지내는 5가지 방법'이라는 그림책을 만든 적이 있습니다.

그림책 창작에 관한 팁을 드리자면 처음 시작하는 아이들은 그림 책 창작의 소재를 본인이 경험한 것에서 찾아보기를 권합니다. 상상 의 세계를 표현하기보다는 구체적인 경험이 담긴 내용(가족, 친구, 학교 생활 등)으로 그림책을 만들어 나가면 조금은 쉽게 이야기를 만들 수 있습니다.

그림책의 주제를 정하면 본격적으로 이야기 만드는 준비를 해야 합니다. 일단 큰 그림을 그려야 하는데 인물, 사건, 배경으로 생각하 면 좋습니다. 그림책에 등장할 캐릭터를 창조하고, 벌어질 사건을 정 하고, 배경이 어느 곳인지, 언제인지를 정해 놓습니다. 이건 고정된 것은 아니고 이야기에 살을 붙여 가다가 바뀌는 경우도 있습니다. 세 가지 큰 줄기가 완성되었다면 이제 스토리보드를 만들어야 합니다.

스토리보드를 만들 때는 손톱 스케치, 일명 섬네일이라고 하는 작업을 거칩니다. 손톱 스케치는 밑그림 그리는 작업이라고 생각하 면 됩니다. 글을 쓸 때 개요를 정하는 것이라고 생각해도 좋고요. 보 통 그림책은 16컷으로 본문이 이루어집니다. 아이들에게 16컷 손톱 스케치 종이를 나눠 주고 각 장면에 들어갈 그림과 이야기를 그려서 넣어 보게 합니다.(A4 종이를 가로로 한 번, 세로로 두 번 접으면 앞에 여덟 칸, 뒤 에 여덟 칸이 나옵니다.)

손톱 스케치 작업을 어떻게 하는지 아이들에게 보여 주고 싶다면 《걱정이 너무 많아》(김영진 글·그림)의 뒷면지를 보여 주세요. 그러면 쉽 게 이해하고 따라 할 수 있을 거예요.

여기까지 왔다면 그림책 창작의 끝머리까지 온 겁니다. 손톱 스케치로 작게 그린 그림을 A4 종이에 크게 그리는 작업을 해야 합니다. 16컷을 그렸다면 열여섯 장의 A4 종이가 나오겠지요. 본문이 끝나고 앞표지와 뒤표지, 앞면지와 뒷면지 작업까지 하면 아이들이 할 일은 끝입니다. 이제부터 시작되는 편집 과정은 선생님 몫이지요.

여기서 잠깐! 그림책을 출간물로 만드는 것도 두 가지 방법이 있어요. 하나는 인쇄해서 제본까지 하는 방법이고, 다른 하나는 스크랩북을 활용해서 작업을 끝내는 방법입니다. 만약 스크랩북 형태로 작업한다면 선생님의 편집이 들어가지 않아도 되니 예산과 수고가 많이 절약됩니다. 진짜 책처럼 인쇄해서 제본을 하고 싶다면 아이들이 그린 작품들을 일일이 스캔하거나 사진을 찍어서 편집해야 합니다.

편집은 선생님이 포토북 사이트나 '부크크' 같은, 그림책 만들어 주는 사이트를 이용해 스스로 하는 방법이 있습니다. 이 방법의 장점은 비용이 적게 든다는 것, 단점은 선생님의 품이 많이 든다는 점입니다. 예산이 넉넉하다면 전문적으로 책을 만들어 주는 편집 기관에 아이들 작품을 보내는 방법이 있습니다. 이 경우에는 원본을 보내면 되니 선생님이 스캔을 하는 번거로움이 줄어들긴 합니다. 각자 상황에 맞는 방법으로 진행하면 될 것 같습니다.

Q2. 어떻게 하면 아이들의 이야기를 잘 이끌어 낼 수 있을까요?

그림책 창작을 할 때 모든 아이가 이야기를 잘 만들어 내면 얼마나 좋을까요? 그런 아이들이 모인 반을 만난다는 건 정말 큰 복을 받은 겁니다. 그림책 주제는 정했는데 어떤 이야기로 이어 나가야 할지 진도가 나가지 않는 경우가 많거든요. 우선 선생님 잘못이 아니라는 것, 또한 아이 잘못도 아니라는 것을 말씀드립니다.

이야기를 만든다는 건 새로운 세상을 창조하는 일이지요. 이야기 만드는 것이 어려운 게 당연하다는 말입니다. 시간이 걸리더라도 아이와 개별적으로 이야기를 많이 나누는 게 중요합니다. 글로 쓰기는 힘들어도 선생님이 이끌어 주면 말로는 이야기할 수 있거든요. 선생님은 아이가 한 이야기를 종이에 적으면서 보여 주세요. 처음에는 막막했던 심정이었던 아이가 자신이 말한 내용이 글로 적히는 과정을 보면서 조금은 나아질 겁니다.

또 하나! 너무 무리하게 이끌고 가지 않는 게 좋습니다. 아이 마음을 읽어 주고 자신이 할 수 있는 만큼 인정해 주는 것이 필요합니다. 모든 아이가 깜짝 놀랄 만한 멋진 그림책을 만들면 좋겠지만, 자신의 생각을 글과 그림으로 풀어내는 과정 자체만으로도 이미 충분하잖아요. 대화를 많이 나누어도 자신의 생각을 꺼내기 어려워한다면 패러디 그림책으로 접근해 보세요. 이미 만들어져 있는 것을 가지고 변형하는 것이기 때문에 순수하게 창작하는 것보다는 부담감을 덜 느낄 겁니다.

Q3. 시간이 너무 오래 걸리는 아이들, 성의 없이 참여하는 아이들은 어떻게 함께 이끌어 나가면 좋을까요?

우리 반 아이 중에서도 작품 활동하는 데 시간이 굉장히 오래 걸리는 학생이 있었어요. 처음에는 제 욕심으로 다른 아이들과 똑같은 양을 해서 내도록 했는데 시간이 지날수록 아이도 힘들어하고 저도 지치고 심지어는 그 아이를 원망하는 마음이 들더라고요. 순간 깜짝 놀랐습니다. 책 수업을 하는 목적이, 아이가 책을 즐기고 평생 독자로 만들려고 하는 거였는데 제 욕심이 끼어드는 순간 책 수업의 본질이 사라진 것이지요. 그래서 다음부터는 욕심을 내려놨습니다. 다른 아이와 똑같은 양을 하지 않아도 된다고 생각했어요. 다른 친구들이 열여섯 컷을 완성할 때 그 친구는 여덟 컷만 완성하면 된다고 말해 줬습니다. 이때 중요한 것이 선생님이 먼저 여덟 컷을 하라고 정해 주는 것이 아니고 아이의 의견을 물어봐야 합니다. 아이가 열여섯 컷을 다 하고 싶다고 하면 방과 후에 개별적인 시간을 확보해서 작업을 마무리하도록 했습니다. 방과 후 선생님에게 양해를 구하고 학급에서 데리고 활동을 이어 간 적도 있었지요.

성의 없이 참여하고 대충 하는 아이들은 왜 그럴까요? 선생님의 시선이 아니라 아이의 마음으로 생각해 보면 좋겠어요. 제 경험으로 볼 때 성의 없고 대충 하는 아이의 대부분은 그림 그리기에 자신이 없는 경우가 많습니다. 또 글을 쓰기 어려워하는 아이들도 있습니다. 그림책 창작에서 선생님 역할은 이런 아이들을 지원하는 데 있다고 생각합니다. 선생님이 한 번 설명했을 때 잘하는 아이들만 있다면 편하겠지만, 선생님이 성장하기 위해서는 말을 안 듣는 녀석들도 필요합니다. 그래야 다양한 방법을 연구하고 적용해 보며 나름대로 노하우를 찾아갈 수 있으니까요.

쉽지 않겠지만 그림책 창작을 어려워하는 아이에게 더 다가가 주세요. 그림은 못 그려도 된다고 말해 주세요. 글도 길게 쓰지 않아도 된다고 말해 주세요. 다만 "네가 할 수 있는 최선을 보여 줬으면 좋겠다."고 말해 주세요. 15년 동안 아이들을 가르쳐 보니 혼내는 것보다 믿어 줄 때 더 좋은 교육 효과가 나타나더라고요. 작품을 완성했다고 가져오면 격려해 주고 한마디만 물어봐 주면 됩니다.

"최선을 다해서 작품을 완성했니? 네 작품을 더 좋게 만들어 볼수는 없을까?"

Q4. 아이들의 작품을 깔끔하게 스캔 하는 방법이 있을까요?

작품을 스캔 하는 건 최종 단계입니다. 두 가지 방법으로 나누어 설명드리겠습니다. 첫 번째는 학교 복사기를 활용해 스캔하는 것입니다. 이 경우에는 아이들이 작업할 때 최대한 묻어나지 않는 재료로 채색을 하도록 미리 안내하는 것이 좋습니다. 파스넷과 크레파스 같은 종류는 깔끔하게 스캔 하기 힘듭니다. 복사기에 다 묻어 버려서 교감 선생님에게 불려 갈 수도 있다는 사실을 명심하세요. 채색 도구는 사인펜이나 마카 같은 깔끔한 종류가 좋습니다. 두 번째는 휴대폰으로 촬영하는 것입니다. 저는 휴대폰으로 촬영하고 휴대폰 내에서 편집한 후 컴퓨터에 저장합니다. 휴대폰으로 촬영할 때 기본적으로 내장되어 있는 효과를 사용해 밝게 촬영하면 깔끔한 작품을 얻을 수 있습니다. 휴대폰으로 촬영하면 좋은 점은 다양한 재료를 사용해 그림책 창작을 할 수 있다는 점이이지요. 《나는 기다립니다…》 같은 경우는 빨간 실을 활용해 만들어진 그림책입니다. 아이들과 작업할 때도 빨간 실을 사용한다면 학교 복사기로 스캔을 뜨기는 어렵겠지요. 입체감이 살아나지 않을 테니까요. 이런 경우에 휴대폰으로 촬영하는 것이 더 좋습니다.

Q5. 그림책 창작 활동 예산은 어찌 충족하는지요?

예산 부분은 꽤나 중요한 문제입니다. 우선 도화지에 작품을 그리고 그것을 모아서 한 권의 책으로 만든다고 해도 최소한의 예산은 발생하기 때문입니다. 그래도 이 정도로 작업을 할 때는 학급 운영비를 활용하여 충족할 수 있을 거예요. 학급 운영비조차 없다면 학습 준비물 예산을 활용하거나 미술 용품 구입 예산을 활용해 작업하는 수밖에 없지요.

스크랩북이든, 제본해서 한 권의 책처럼 만들든 학기 초에 예산을 확보해 놓는 것이 중요합니다. 새 학년이 시작되는 2~3월 사이에 학교 업무 관리 시스템을 수시로 드나들면서 학급 지원 사업이 있는지 확인해야 합니다. 전라북도 같은 경우에는 범교과 동아리 지원과

학생 책 쓰기 지원 사업이 있습니다. 물론 신청한다고 다 되는 것은 아니지만 일단 계획서를 제출하고 선정이 되면 책 만들 예산을 확보할 수 있기에 든든한 자원이 됩니다. 3월은 새로운 학년에 적응도 해야 하고 학급 교육 과정도 세워야 하기에 정신이 하나도 없습니다. 다른 일에 눈 돌릴 여유가 별로 없지요. 그렇기에 그림책 창작을 하려고 굳게 마음먹은 선생님들은 2월을 활용해서 미리 계획서를 작성해 놓으면 조금은 여유 있는 3월을 맞이할 수 있을 겁니다.

Q6. 그림책 창작 수업은 어느 시간을 이용해서 하는지요?

학급 전체 아이들과 함께 하기에 정규 교육 과정 시간을 이용해서 그림책 창작 수업을 합니다. 국어와 도덕, 미술 시간을 통합하여 미리 그림책 창작할 시간을 배분하고 작업에 들어가지요. 간혹 교과 교육 과정을 다 하면서 그림책 창작을 할 시간 여유가 있냐고 물어오는 경우가 있습니다. 물론 모든 교과를 교과서대로 운영하면서 하려면 시간이 절대로 나지 않습니다. 교과 통합과 재구성은 반드시 필요한 부분이고 창의적 체험 활동 시간에 학급 특색 교육이 있다면 그 시간을 별도로 잡아서 운영하기도 합니다.

교과서는 하나의 참고 자료일 뿐입니다. 여전히 많은 선생님이 교과서를 가르치지 않는 것을 부담스러워합니다. 교과서에서 가르쳐야 할 부분이 있고 그 부분이 좋다면 수업에 사용하고, 그렇지 않다면 과감하게 학급에 맞는 자료를 활용해서 수업을 진행하는 것이 좋다고 생각합니다.

학급 아이들을 대상으로 하지 않고 학년을 섞어서 동아리 형태로 운영할 때는 학기 초에 미리 안내해서 그림책 창작 동아리 회원을 받으면 됩니다. 이 경우에는 정규 교육 과정 시간을 활용할 수는 없고 방과 후 시간과 점심시간을 틈틈이 활용해서 지도하는 것을 추천합니다. 소규모 학교는 대다수의 아이들이 방과 후 수업에 들어가기 때문에 별도의 방과 후 시간을 확보하기가 쉽지 않은 부분도 있긴 합니다.

Q7. 그림책 창작할 때 주의할 점은 무엇인가요?

그림책 창작할 때 실수한 부분을 몇 가지 적어 봅니다. 제 실수를 통해 여러분이 시행착오를 줄이면 더 근사한 아이들 작품이 나오겠지요?

첫째, 그림책 창작의 본질이 무엇인지 생각해 보세요. 그림책 창작을 하다 보면 선생님의 과도한 기대와 욕심이 반영되게 됩니다. 그렇게 하지 않으려고 해도 반드시 그렇게 됩니다. 100퍼센트 확신합니다. 더 좋은 작품을 만들고 싶은 선생님들 마음은 충분히 이해하나 아이들은 최선을 다하고 있을 수 있다는 점을 기억해 주세요. 그림책 창작의 목표가 다른 사람에게 보이기 위한 작품을 만드는 것이 아니라 아이 내면에 들어 있는 이야기를 끄집어내기 위한 점이라는 점을 염두에 둔다면 선생님과 아이 모두 상처받지 않고 행복해질 수 있을 것입니다.

둘째, 그림책 창작 계획 세울 때 예산 부분을 세심하게 살펴보세요. 저는 예산 계획을 잘못 세우기도 하고, 하다 보니 더 만들고 싶은 욕심에 사비를 많이 쓰기도 했습니다. 예산이 부족할 것 같다는 생각이 들면 인쇄하는 그림책 권수를 줄이는 방법과 다른 예산을 확보해서 추진하는 방법이 있습니다. 어느 쪽도 쉬운 방법은 아니니 미리 계획을 잘 세우는 걸 추천합니다.

셋째, 그림책 자체 편집 프로그램을 사용해서 만들 경우, 편집을 마친 후 업체에 바로 연락하지 말고, 초반 일부만 작업한 다음 연락해서 자신이 맞게 하고 있는지 물어보세요. 한 번에 다 해 놓고 주문했는데 업체에서 전화가 온 적이 있거든요. 편집을 잘못해서 제대로 인쇄가 되지 않을 거라는 말을 듣고 한동안 정신을 차릴 수가 없었습니다. 시간은 소중하니 꼭 초반에 확인하고 편집 작업을 진행해야 합니다.

봉봉샘 그림책
창작 결과물

■ 내가 만든 수수께끼 책 ■

소원을 들어주는 수수께끼 비책

미우 글·그림

소원을 들어주는 수수께끼 비책이
있으면 어떨까?

#나의소원은 #수수께끼맞히기
#소원그림책만들기

《소원을 들어주는 수수께끼 비책》은 지혜라는 아이가 소원을 이루기 위해 수수께끼 비책을 찾으면서 시작되는 그림책이다. 지혜는 수수께끼 비책을 발견하고 수수께끼 세상으로 들어가는데 그 안에서 다양한 수수께끼를 풀고 나오는 과정을 담고 있다. 이 그림책의 묘미는 그림책에 나오는 수수께끼 문제를 아이들과 함께 맞혀 보는 것이다. 그림책에 집중을 잘 못 하는 아이들도 이 그림책은 굉장히 집중해서 참여하며 신나서 답을 외치는 것을 두 눈으로 확인했다. 그림책 창작을 위해 아이들에게 저마다 수수께끼를 세 가지씩 준비해 오라고 했다. 동그란 원을 만든 후 준비해 온 수수께끼를 내고 나머지 친구들이 맞히는 놀이를 하며 분위기를 끌어 올렸다. 그다음에 예스러운 표지 디자인을 담고 있는 책과 스크랩북 두 종류를 준비하고 아이들에게 선택할 수 있는 기회를 주었다. 이야기를 길게 만든 친구는 스크랩북을 활용해서 작업했고, 이야기가 짧은 친구는 크기가 작은 한지 디자인의 책으로 그림책을 만들었다.

《소원을 들어주는 수수께끼 비책》
창작 그림책 1

《소원을 들어주는 수수께끼 비책》
창작 그림책 2

노란 실로 펼쳐 낸 상상의 세상

리본
아드리앵 파를랑주 글·그림

리본 하나로 만들어지는 아이들의
상상 세계
#노란실 #그림책창작수업 #선하나의마술

앞에서 사일런트북이라고 한, 글 없이 그림으로만 이루어진 그림
책이다. 그림책의 물성을 한껏 이용한《리본》은 노란 리본을 활용해,
보는 이에게 즐거움을 주는 작품이다. 풍선 끈이 되기도 하고, 낚싯
줄이 되기도 하고, 그네 줄이 되기도 하는 등 보는 사람도 만들고 싶
은 상상을 불러일으키는 그림책이다.

검정 도화지 세 장과 노란 실을 활용해 그림책 창작 활동에 들어
갔다. 검정 도화지를 반절로 접어서 세 장을 겹치고 노란 실은 맨 뒤
에 놓인 도화지 중간 부분에 투명 테이프로 고정시킨다. 아이들은
각자 노란 실을 활용해 세 개의 장면을 만들어 냈다. 한 친구는 노란
실을 하나 더 달라고 했다. 꼭 하나만 사용해야 한다는 고정 관념을

깨는 발상을 하는 것을 보고 그림책 창작의 맛을 느낄 수 있었다.

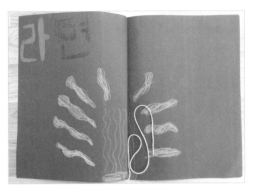

《리본》창작 그림책 1

《리본》창작 그림책 2

■ 디지털을 활용해 만들어 볼까요? ■

말려 드립니다
남성 글·그림

내가 말리고 싶은 것들을 창작 그림책에
담아 보기
#말리고싶은것 #미리캔버스창작활동
#디지털작업

그림책 창작을 하다가 문득 이런 생각이 들었다.

'디지털을 활용해 그림책을 만들어 볼 순 없을까?'

여기서 중요한 건 어렵지 않고 간단하게 만들 수 있어야 한다는
점이다. 때마침 《말려 드립니다》가 생각났다. 간단한 캐릭터와 길지
않은 문장, 그러면서도 보는 이에게 공감을 주는 작품이었다. 《말려
드립니다》를 읽어 주고 손톱 스케치를 할 수 있는 종이를 나눠 줬다.
손톱 스케치는 아날로그로 한 후, 미리캔버스 사이트를 활용해 카드
뉴스 형식으로 그림책을 만들기 시작했다. 1학기부터 미리캔버스를
활용했기에 만드는 법은 어느 정도 익숙했다. 최소 열두 컷은 만들도
록 안내하고 두 시간 정도 그림책 만드는 시간을 가졌다. 많이 만든
아이는 따로 시간을 내어 20컷까지 만들었다.

미리캔버스로 작품을 만든 후에는 학급 공유방에 파일을 업로드
하도록 하고, 나는 그것들을 내려 받아 컬러로 출력해서 나눠 줬다.
컴퓨터 파일이 있었기 때문에 바로 제본해서 책으로 만들 수도 있었
지만 예산이 없었다. 그래서 예산 계획을 잘 세워야 하는 것이다. 출
력된 결과물을 스크랩북에 붙이고 색연필과 다이어리 꾸미기 스티
커를 활용해 작품을 완성했다.

《말려 드립니다》손톱 스케치

《말려 드립니다》창작 그림책

■ 믿기 어려운 크리스마스 선물 떠올리기 ■

믿기 어려운 크리스마스 선물 44가지
나탈리 슈·만다나 사다트·레미 사이아르 글·그림

믿기 어려운 크리스마스 선물 17가지
창작하기

#크리스마스 #캐롤듣기 #내가받고싶은선물

12월은 선생님에게나 아이들에게나 참 즐거운 달이다. 겨울 방학도 있고 크리스마스도 있으니까. 우리 반은 크리스마스를 맞이해 관련 그림책을 읽고 학급 창작 그림책을 만들어 보기로 했다. 개별적으로 한 편의 이야기를 구성하는 방식이 아니라 그림책과 연계해 한 장면씩을 만들고 합치기로 한 것이다.《믿기 어려운 크리스마스 선물 44가지》에는 제목에서 알 수 있듯이 마흔네 가지의 믿기 어려운 크리스마스 선물이 나온다. 예를 들어 '무슨 말이든 해 주는 앵무새'라고 쓰여 있으면 옆쪽에는 글과 관련된 그림이 그려져 있다. 이걸 활용해 아이들에게 '크리스마스에 받고 싶은 믿기 어려운 선물'을 적도록 활동지를 나눠 줬다.

한 사람당 3~5가지 정도의 선물 목록을 적고 그중에 두 가지만 골라서 작품 활동을 시작했다. 그리고 만드는 데 시간이 오래 걸리는 친구는 한 개만 만들도록 했다. 최종적으로 완성된 학급 창작 그림책의 제목은 '믿기 어려운 크리스마스 선물 17가지'였다.

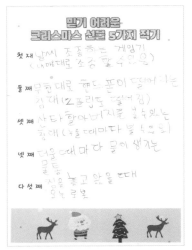

《믿기 어려운 크리스마스 선물 44가지》
활동지

《믿기 어려운 크리스마스 선물 44가지》
창작 그림책

▰ 내가 만든 깔깔주스 ▰

깔깔주스
박세랑 글·그림

네가 마시고 싶은 주스를 만들어 봐!
#내가만들고싶은주스 #누구에게줄까

이제 마지막으로 만든 학급 창작 그림책을 소개한다. 《깔깔주스》를 보는 순간 이 책을 활용해 창작 그림책을 만들어야겠다는 생각이 번뜩 들었다. 그림책을 보다 보면 아이들이 쉽게 자신의 이야기를 꺼낼 수 있는 작품들이 있다. 표지부터 너무나 유쾌한 《깔깔주스》는 기대를 저버리지 않고 시작부터 끝까지 재미있고 유쾌한 분위기에서 이야기를 풀어 나간다. 도대체 깔깔주스가 무슨 맛인지 맛보고 싶을 정도다. 마지막 부분에는 다양한 주스 그림이 그려져 있는데 이 부분을 보여 주면 대부분의 아이들이 어떻게 만들어야 하는지 힌트를 얻는다.

우리는 한 사람당 하나의 주스를 만들기로 했다. 첫 번째 장에는 '~ 주스를 소개합니다'라는 문구와 간단한 그림을 넣고, 두 번째 장에는 자신이 만든 주스 병을 그리도록 했다. 세 번째 장에는 마실 때

의 주의 사항을 적도록 하고 마지
막 장에는 활동지 형식으로 만든
종이에 주스 이름, 주고 싶은 사
람과 그 이유, 주스를 가지고 만
든 이야기를 담아서 편집한 후 포
토북 사이트에서 인쇄했다.

《깔깔주스》 창작 그림책 1

《깔깔주스》 창작 그림책 2

5부

아이들을
책의 세상으로 이끄는
독서교육 행사

처음 선생님이 되던 순간을 머릿속에 그려 본다. 임용 고시를 보고 합격과 불합격 사이에서 불안에 떨며 초조하게 기다리던 순간이 가장 먼저 떠오른다. 컴퓨터 앞에 앉아 합격자 발표가 뜨기를 얼마나 기다렸던가. 합격자 발표가 나고서도 한참을 확인 버튼을 누르지 못하고 서성이던 기억이 난다. 두 눈을 질끈 감고 클릭해서 '합격'이라는 낱말이 눈앞에 가득 차던 순간은 여전히 생생하다. 2007년 초등 교사로 첫발을 내딛은 순간부터 2020년까지 도서 업무는 한 번도 맡은 적이 없었다. 도대체 무슨 자신감이었을까. 연구년제를 마치고 새로운 학교로 학년과 업무를 적으러 가던 날, 학년과 업무 배정서에 이렇게 적고 말았다.

"도서 업무만 주시면 다른 업무는 아무거나 주셔도 괜찮습니다.

도서 업무를 맡아 독서교육을 잘해 보고 싶습니다."

지금 생각하면 웃음이 나지만 그때 내 마음은 전장에 나가는 비장한 장수 같았다. 반드시 도서 업무를 따내고 말리라는 굳은 다짐을 한 장수 말이다. 그런 나의 마음이 전해졌는지 다행스럽게도 도서 업무는 나에게 왔고, 2021년은 태어나서 처음으로 독서교육에 도전하는 해가 되었다. 2017년부터 교실 안에서 책을 가지고 수업을 진행해 왔지만 해를 거듭하면서 한 가지 아쉬움이 계속 사라지지 않고 맴돌았다. 내가 맡은 반 아이들뿐 아니라 다른 학년 아이들도 책의 즐거움에 빠지게 할 수는 없을까. 어떻게 하면 좋을까. 선생님들마다 고유한 교육 철학이 있고 잘하는 영역이 있기에 내가 책 수업을 한다고 해서 무조건 강요할 수는 없다. 선생님 스스로 책 수업이 좋다는 것을 느끼고 마음이 움직여야 그 수업은 의미가 있다. 그래야 수업을 받는 아이들에게도 책에 대한 긍정적인 기운이 전달된다고 믿는다.

선생님들 저마다의 교육 과정을 최대한 건드리지 않으면서 책과 친해지는 계기를 마련해 주는 방안으로 선택한 것이 독서 업무다. 독서 업무를 맡으면 교육 과정에 들어 있는 독서교육주간 행사를 운영해야 하니, 그 기회를 노려 다른 학년 아이들에게도 책을 권할 수 있는 계기를 마련하려는 생각을 가지고 있었다.

많은 선생님이 독서교육에 대해 공통적으로 이야기한다.

"요즘 아이들은 책을 안 좋아해요."

"책을 싫어하는 아이들이 책을 좋아하게 만들려면 어떻게 해야 할까요?"

맞는 말이다. 교직 생활을 15년 해 오면서 많은 아이들을 만나고 가르쳐 본 결과 책을 즐겨 읽는 아이들은 거의 만나지 못했다. 자신이 능동적으로 읽어 내야 하는 책보다는 수동적으로 바라만 봐도 되는 영상에 빠져드는 아이들이 훨씬 많은 것이 사실이다.

역설적이지만 그래서 독서교육이 더욱 중요하다고 생각한다. 선생님이 해야 할 일은 사실을 인정하고 그 너머를 바라보는 일이다. '아이들이 책을 안 읽는다면 그 원인은 무엇일까. 어떻게 하면 아이들을 책의 세계로 끌어들일 수 있을까. 책과 친해지는 아이로 만들려면 어떤 책을 권해야 할까.' 등을 고민하고 시도해 보는 과정이 중요하다고 생각한다. 그 과정에서 선생님의 노력과는 달리 큰 변화가 없어서 힘이 빠질 수도 있다. 열심히 준비한 독서 행사에 참여하는 아이들이 적을 수도 있고, 계획한 대로 잘 운영되지 않을 때도 있을 것이다. 그래도 괜찮다. 아무것도 하지 않는 것보다 뭐라도 해 본 경험은 선생님을 성장시키고 더 나은 사람이 되게 만든다. 1년 동안 독서교육을 맡으면서 이리저리 흔들리며 걸어왔다. 힘들어서 포기하고 싶은 날도 있었고, 어떤 날은 잠을 자려고 누워도 제대로 못 한 것 같은 기분에 잠을 이루지 못하고 뒤척이기도 했다.

돌이켜 생각해 보면 힘들었던 날보다 좋았던 순간들이 훨씬 많았다. 독서 행사에 제대로 참여하지 않는 아이들을 보며 마음이 아팠던 날보다 자신의 진심을 담아 적은 아이들 글에 마음이 충만함으로 차오른 날들이 더 많았다. 뒤를 돌아보니 반듯한 길은 아니었지만 끊어지지 않고 여기까지 걸어왔다. 이제 천서초 아이들과 신나게 놀았던 세 번의 독서교육주간에 대한 이야기를 하려 한다.

세계 책의 날 독서교육주간

《옳은손 길들이기》의 주인공처럼 가끔은 내 손을 길들이고 싶을 때가 있다. 내 의도와는 다르게 손이 먼저 계획서를 쓰고 있는 경우가 그렇다. 원래 세계 책의 날 맞이 독서교육주간 행사는 학교 교육과정에 잡혀 있지 않았다. 이는 곧 행사를 할 필요가 없었다는 말이다. 그러나 나의 손은 이미 계획서를 써서 결재를 올리고 있는 중이었다. '세계 책의 날'(4월 23일)은 1995년 유네스코 총회에서 독서 출판을 장려하고, 저작권 제도를 통해 지적 소유권을 보호하기 위해 제정했다. 세계 책의 날을 맞이해 독서교육주간 계획을 올린 것은 4월 19일이니 5일 전에 부리나케 결정해서 추진한 행사인 것이다.

세계 책의 날을 알리기 위해 독서교육주간 안내판을 급하게 만들었다. 학교에 있는 우드록을 빌려와 A4 종이에 행사명과 활동 내용을 적고 도서관 앞쪽에 놓아두었다. 교실에 있는 300권의 그림책 중 아이들이 재밌게 볼 만한 그림책들로 큐레이션도 해 놓았다. 선생님들에게는 급하게 행사 계획을 알리고 협조를 부탁드렸다. 갑작스럽게 진행된 독서교육주간 행사에도 한마디 불평 없이 도와준 선생님들이 있었기에 생애 첫 독서교육 행사가 운영될 수 있었다.

세계 책의 날 행사 게시판

세계 책의 날 행사 큐레이션

그림책으로 피리 부는 아이들

독일의 도시 하멜른에서 내려오는 전설에서 모티브를 얻어 '그림책으로 피리 부는 아이들' 활동을 계획했다. 4~6학년 학생들 중 아침 시간에 1~3학년 아이들에게 책을 읽어 줄 아이 세 명을 모집했다. 행사 첫날과 마지막 날은 내가 읽어 주기로 하고 4~6학년 아이들과 함께 읽어 줄 책을 고르는 시간을 가졌다. 이때 저학년 아이들에게 읽어 줄 책은 스스로 고르는 기회를 주었다. 다만 한 가지만 미리 안내했다. 저학년 아이들에게 읽어 줄 그림책은 글이 너무 길지 않고, 재미있는 내용으로 골랐으면 좋겠다고 말이다.

그렇게 해서 선택된 그림책이 《이게 정말 사과일까?》(요시타케 신스케 글·그림), 《용기를 내, 비닐장갑!》(유설화 글·그림), 《커졌다》(서현 글·그림), 팝업북인 《위에 무엇이 있을까요?》(클라이드 기퍼드 글, 케이트 매클렐런드 그림) 등이다. 고학년들이 저학년들에게 책을 읽어 주는 경험은, 간단하지만 꽤 의미가 있는 활동이다. 책을 읽어 주는 학생들은 동생들에게 어떤 책을 읽어 줄지 나름대로 고민하며 책을 고른다. 그 과정 자체가 책의 세계로 한 발 들어오는 과정이다. 저학년 아이들은 선생님이 읽어 줄 때와는 또 다른 책의 재미를 느낀다. 형, 누나, 언니, 오빠가 읽어 주는 그림책은 서툴지만 그래서 더 즐겁다.

그림책으로 피리 부는 아이 1

그림책으로 피리 부는 아이 2

제목이 가장 긴 그림책 찾아오기와 책으로 탑 쌓기

점심시간을 활용해 책을 이용한 간단한 활동을 진행했다. 도서관 앞에 보드를 놓고 책을 활용한 과제를 미리 적어 놨다. 도서관에서 가장 제목이 긴 책 찾아오기 활동은 자신이 생각했을 때 제목이 가장 길다고 생각하는 책을 가지고 4학년 교실로 정해진 시간 안에 오면 된다. 선생님은 아이들이 가져온 책을 모아 놓고 시간이 되면 칠판에 책의 제목을 쭉 적는다. 그리고 가장 긴 제목의 책을 가져온 아이를 뽑는 간단한 방식의 놀이다. 여기에 우연의 요소를 넣기 위해 무작위 뽑기로 몇 명을 더 추첨해서 추억의 뽑기 판에서 뽑기를 하게 했다. 1등 상품은 1학년 아이가 뽑았는데 나중에 1학년 선생님에게 반 친구들과 함께 놀기 위해 학급에 기부했다는 훈훈한 소식도 들었다.

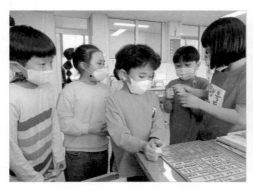
제목이 가장 긴 책 가져오기 활동 후 추억의 뽑기

책으로 탑 쌓기

책으로 탑 쌓기는 여러 가지 방법으로 운영할 수 있다. 행사 때 한 방법은 두 가지였는데 첫 번째는 정해진 시간 안에 가장 높은 탑 쌓기, 두 번째는 150센티미터에 가깝게 탑 쌓기였다. 참여하는 인원수에 따라 개인전으로 해도 좋고 모둠을 구성해서 활동해도 좋다. 놀이가 끝난 후에는 가지고 놀았던 책은 다시 정리하고 갈 수 있도록 안내하면 선생님은 큰 힘을 들이지 않고, 아이들은 즐겁게 놀 수 있다.

폐기 처리할 도서를 활용한 책 놀이

학교 도서관에서 수용할 수 있는 책은 한정되어 있기에 해마다 새로운 책을 구입하면 오래된 책들은 자리를 비워 줘야 한다. 도서관에 수용할 수 있는 공간이 넉넉하다면 해마다 비워야 할 필요는 없지만 만들어진 지 오래된 도서관은 책을 교체해 주는 작업이 필요하다. 때마침 세계 책의 날 행사 기간과 도서 폐기하는 기간이 겹쳐서 책 행사에 폐기 도서를 활용해 보기로 했다. 도서관 한쪽에 모아져 있는 폐기 도서 가운데 아이들이 스스로 읽고 싶은 책을 고르는 활동이었다. 책을 고르면 응모함 쪽에 있는 종이에 자신이 고른 책의 제목을 적고, 이 책을 선택한 이유를 적어서 응모함에 넣으면 된다. 학생 자치회 시간에 선생님들과 학생들이 돌아가면서 응모함에 담긴 종이를 추첨해서 이름이 뽑힌 아이들에게는 자그마한 선물을 하나씩 주는 시간을 가졌다.

폐기 처리할 도서 중 읽고 싶은 책 골라 응모하기

그림책 소풍을 떠나요

그림책 소풍은 그림책으로 인연을 맺게 된 박지숙 선생님의 SNS
에서 보고 변형해서 만들어 본 활동이다. 사회적 거리 두기로 인해
현장 체험 학습을 잘 못 가는 아이들을 위해 학교 안에서라도 소풍
온 기분을 느끼게 만들어 주고 싶었다. 준비물은 소풍 바구니, 돗자
리, 다과, 그림책이었다. 친구와 그림책 소풍을 떠나고 싶은 아이들은
도서관 앞에 놓여 있는 종이에 소풍 가고 싶은 이유와 함께하고 싶

그림책 소풍 응모권 그림책 소풍 떠나기 전 한 컷

은 친구를 적어서 응모함에 넣으면 된다. 선생님은 아이들이 종이에 쓴 내용을 잘 읽어 보고 하루에 세 모둠을 뽑아서 점심시간에 그림책 소풍을 보내 준다.

1학기 독서교육주간 행사

4월 세계 책의 날 독서교육주간 행사를 운영한 게 얼마 되지 않은 것 같은데 1학기 독서교육주간이 떡하니 돌아왔다. 이게 다 스스로 벌인 일인 것을 누구를 탓하리. 5일 동안 운영되는 1학기 독서교육주간 행사를 위해 머리를 쥐어뜯으며 며칠을 고민했다. 빙고 게임에서 힌트를 얻어 책 빙고 판을 한번 만들어 보기로 결정했다. 하드웨어는 결정되었고 소프트웨어를 어떻게 채울까 생각하다가 모든 내용을 바꾸기는 무리라는 판단을 내렸다. 세계 책의 날 행사에서 반응이 좋았던 활동들을 먼저 넣고 새로운 활동들로 채워 넣어 완성하기로 했다.

'책 내려온다, 복이 내려온다'를 컨셉으로 잡고 유치원을 포함해 1~6학년 아이들에게 책 빙고 판을 한 장씩 나눠 줬다. 독서교육주

1학기 독서교육주간 안내   1학기 독서교육주간 책 빙고 판

간이 끝날 때까지 두 줄을 완성한 친구는 모두 선물을 주기로 하고 세 줄 이상 완성한 친구들에게는 선물에서 차이를 둬서 준다고 미리 말해 주었다.

저학년들은 책 빙고 판을 잃어버리는 경우가 있기에 선생님이 모아 두고 있다가 도장을 찍어 주거나 사물함 앞에 붙여 놓고 선생님이 가서 도장을 찍어 주는 방법을 활용해도 좋다.

친구에게 그림책 읽어 주기

그림책을 친구에게 읽어 주는 경험은 친구와의 사이를 돈독하게 만들고 정서적 안정감을 준다. 친구와 평소에 나누는 이야기와는 다르게 친구를 위해 책을 선택하는 시간, 한 명의 독자를 위해 책을 읽어 주는 시간은 서로의 얼굴에 웃음을 짓게 만든다. 실제로 꽤 긴 그림책인데도 친구에게 읽어 주려고 노력하는 모습과 진지하게 친구의 목소리에 집중하는 모습이 기억에 남는다.

친구에게 그림책 읽어 주기

그림책 속 빛나는 한 문장 적기

그림책을 읽고 할 수 있는 활동 중 간단하면서도 큰 울림을 주는 활동이다. 각자 원하는 그림책을 읽은 후 나누어 준 엽서에 자신의 마음에 와 닿았던 문장을 찾아 적는다. 이때 일반 종이보다는 엽서 같은 톡톡한 종이를 주는 것이 좋다. 종이만 바꿨을 뿐인데도 글도 바르게 쓰려고 노력하고 진지하게 적는 모습을 발견할 수 있다.

그림책 속 빛나는 한 문장 1 　　　　그림책 속 빛나는 한 문장 2

여섯 컷 만화로 그림책 표현하기

그림책을 읽고 나서 줄거리를 요약하는 다양한 방법이 있다. 그중 만화 형식으로 줄거리를 요약해 보는 활동은 아이들이 꽤 좋아하며 즐거워한다. 우선 글로 쓰지 않는다는 점이 부담을 줄여 준다. 글을 써야 한다는 사실에 부담을 느끼고 어려워하는 친구들이 많다. 여섯 컷 또는 네 컷 만화로 나타내는 방법은 웹툰을 즐겨 보는 아이들 특성에 잘 맞는다. 만화로 요약하고 간단하게 글로 적으며 그림책 내용을 다시 떠올려 볼 수 있다.

그림책 플래시몹 활동

플래시몹이란 원래 불특정 다수가 정해진 시간과 장소에 모여 주어진 행동을 하고 곧바로 흩어지는 것을 의미한다. 여기에서 아이디어를 얻어 그림책 플래시몹을 해 보기로 했다. 도서관 앞에 놓인 보드에 모일 장소와 시간, 준비물을 미리 적어 놓고 학생들에게는 따로 안내하지 않았다. 몇 명이나 모일지 걱정 반, 기대 반으로 기다리고 있는데 정해진 시간이 다가오자 아이들이 모여들기 시작했다. 물론 나보다 일찍 와서 기다리고 있는 친구들도 있었다. 12시 40분이 되자 학교에서 가장 큰 나무 아래 모여 한마디 말도 없이 스무 명 넘는

야외에 모여 그림책을 읽는 그림책 플래시몹

아이들이 자신이 가져온 그림책을 읽었다. 그 광경을 바라보는데 어찌나 아름답던지, 몸은 힘들지만 독서교육주간 행사를 운영하기 참 잘했다는 생각이 들었다.

2학기 독서교육주간 행사

두 번의 독서교육주간 행사를 치르고 2021년 마지막 독서교육주간 행사를 맞이했다. 독서교육주간 행사를 앞두고는 설렘과 긴장이 공존하는 마음 상태가 된다. 이번 독서교육주간 행사에서는 어떤 아이의 반짝이는 생각과 말을 만나게 될지, 제대로 독서교육주간이 운영될 수 있을지에 대한 생각으로 기분이 싱숭생숭해진다. 2학기 독서교육주간 행사에는 전 세계적으로 선풍적인 인기를 끌었던 드라마 〈오징어 게임〉의 문구를 빌려 왔다. 물론 〈오징어 게임〉은 초등학생들이 보기에는 적절하지 않기에 게임 내용은 하나도 끌어들이지 않았다.

1~6학년 학년별 수준에 맞게 독서 게임에 참가할 수 있는 초대장을 만들고 담임선생님들의 협조를 얻어 게임 참가장을 나눠 줬다.

참가장에 적힌 과제를 해결한 친구는 독서 게임에 정식적으로 참여할 수 있는 권한을 주었다. 두 번의 독서 행사에서 아이들이 가장 좋아했던 보물찾기를 메인으로 몇 가지 활동들을 구성했다.

핼러윈 그림책 읽고 독후 활동하기

마침 2학기 독서교육주간 행사를 하는 기간과 핼러윈 기간이 맞물려 독서 행사 중 하나를 핼러윈 관련 내용으로 구성했다. 핼러윈에 맞는 그림책《유령의 집에 놀러 오세요!》(가즈노 고하라 글·그림)를 준비하고 아이클레이를 색깔별로 준비해서 자발적으로 참여한 아이들을 만나러 갔다. 푹 빠져서 유령 그림책을 읽는 아이들을 보면서 재

《유령의 집에 놀러 오세요!》읽어 주기

유령 캐릭터 종이 찾기

미있고 아이들에게 맞는 그림책을 찾는 노력을 꾸준히 해야겠다는 생각이 들었다. 책을 읽은 후에는 아이클레이로 자신이 만들고 싶은 유령을 만들고 자랑하는 시간을 가졌다.

헬러윈 맞이 또 다른 활동은 '헬러윈 등 만들기'였다. 예산이 부족해 등을 열 개밖에 준비할 수 없어 유령 캐릭터 종이 찾기 활동을 통해 사전에 참여할 참가자들을 선정했다. 1~3학년들에게 기회를 줬고, 4~6학년들은 저학년들이 만드는 걸 도와주는 자원봉사자 역할을 했다.

그림책 빙고 놀이와 연계한 숨겨진 그림책 찾기

2학기 독서교육주간 행사의 핵심은 놀이 요소를 최대한 많이 집어넣기였다. 그림책 빙고 놀이는 열여섯 권의 그림책 제목이 적혀 있

그림책 빙고 놀이

빙고 놀이와 연계해 학교에 숨겨진 그림책 찾기

는 종이(제목은 무작위로 적혀 있음)를 한 장씩 나눠 주고 네 줄 빙고 게임을 했다. 아이들이 너무 즐겁게 참여하여 시간이 부족했지만 한 번 더 하기도 했다. 그림책 빙고 놀이를 한 후에는 연계 활동으로 빙고 판에 적혀 있는 그림책을 찾아오는 과제를 주었다. 그림책 빙고 판에 적혀 있는 열여섯 권의 그림책은 전담 시간을 이용해 미리 학교 곳곳에 숨겨 두었다. 그림책을 찾아온 친구들에게는 선물을 줬고

한 가지 후속 활동을 내 줬다. 집에 가서 그림책을 읽고 자신의 마음에 들어온 문장을 엽서에 적어 선생님께 가져오기였다. 다음 날 아이들이 꾹꾹 눌러쓴 글들을 마주하면서 마음이 일렁여 한동안 바라보기만 했다.

미션 보물찾기

세계 책의 날 독서교육주간 행사부터 2학기 독서교육주간 행사까지 가장 인기가 많았던 활동을 고르라면 단연코 보물찾기다. 저학년 아이들은 행사가 끝나고도 마주치면 보물찾기 언제 하냐고 물어보고 또 하자고 끊임없이 이야기할 정도였으니까 말이다. 보물찾기도 매번 다르게 구성해서 운영했는데, 2학기 독서교육주간 행사에서는 요소를 추가해서 미션 보물찾기로 활동을 꾸려 보았다. 준비물은

미션 보물찾기 준비 중

미션 보물찾기 중 미션 해결 장면

뽑기 볼과 미션 종이, 보물을 찾았다는 확인 도장이다. 뽑기 볼은 미션 보물찾기할 때 매우 유용하니 구입해서 가지고 있으면 여러모로 도움이 된다. 미션 종이에는 스무 가지 정도의 미션을 적고 전담 시간을 이용해 뽑기 볼을 학교 곳곳에 숨긴다. 미션 보물찾기 시간이 되면 아이들이 출발해서 뽑기 볼을 찾아 선생님에게 가지고 온다. '꽝'을 찾은 아이들은 다시 찾으러 가야 한다. 제대로 적힌 미션 종이를 뽑은 친구는 종이에 적힌 미션을 해결하고 손등에 확인 도장을 받는다.

예를 들어 미션은 다음과 같다.

'교장 선생님 모시고 오기', '친구와 겉옷 바꿔 입고 오기', '친구와 신발 바꿔 신고 오기'

그림책 수업할 때
이런 점이 궁금했어요

01. 그림책을, 아이들 모두가 볼 수 있게 앞에서 들고 읽어 주는 것과 실물 화상기를 이용해 확대해서 화면으로 보여 주는 것 중 어떤 방법이 더 좋을까요?

다른 변수들을 모두 통제하고 말한다면 가장 좋은 방법은 선생님이 그림책을 직접 들고 아이들과 눈을 맞추면서 읽어 주는 방법입니다. 텔레비전 화면이나 실물 화상기를 통해 보는 건 이미 한 번의 프리즘을 거쳐서 들어오는 방법이기 때문에 그림책의 색감이 달라지거든요. 직접 두 가지 방법을 비교해 보면 확실히 색감 차이가 난다는 것을 알 수 있습니다.

가정과 다르게 학교에서는 각기 다른 환경이 존재합니다. 2020년에는 코로나 19로 원격 수업이 일반화되면서 대면해서 아이에게 직접 그림책을 읽어 주는 것이 힘든 상황이었습니다. 이런 경우는 당연히 컴퓨터를 통해 그림책을 읽어 줄 수밖에 없지요. 다만 이때 주의할 점은 그림책 저작권을 신경 쓰면서 수업을 진행해야 합니다.

대면 수업인 상황에서도 대규모 학교 또는 사회적 거리 두기로 인해 아이들이 모여 앉아 그림책을 보는 일이 힘든 경우도 있습니다. 이런 경우에도 디지털 기기를 활용해 읽어 주는 방법을 사용해야 하지요. 대규모 학급에서 그림책을 직접 보여 주면서 읽어 줄 때는 영화관처럼 세 줄로 앉게 해서 보여 주면 좋습니다. 첫 줄은 바닥에 앉고, 두 번째 줄은 의자에 앉고, 마지막 줄은 책상 위에 걸터앉아 듣는 방식입니다.

저는 학생 수가 많지 않아서 직접 그림책을 들고 읽어 주는 방식으로 수업을 진행했습니다. 아이들이 자기 자리에 정확하게 앉도록 돕기 위해 숫자가 새겨진 원마커를 활용했지요. 제가 그림책 읽어 주기 전에 미리 바닥에 놓아두면 자기 번호가 써진 원마커 위에 와서 앉는 방식이었습니다.

02. 한 번에 쭉 읽어 주는 것이 좋을까요, 끊어서 이야기를 나누며 읽어 주는 것이 좋을까요?

속 시원하게 긁어 드리지 못해 죄송하다는 말씀으로 시작합니다. 그림책 읽어 주기에는 정답이 없습니다.

저는 이렇게 말하곤 합니다.

"그림책에 따라 달라요."

정말 그렇습니다. 아이들에게 그림책을 읽어 주기 전에 먼저 읽어 보면 한 번에 쭉 읽어 줘야 하는 책도 있고, 중간에 질문을 던지며 아이들 반응을 보면서 읽어 줘야 하는 책도 있습니다.

여기에서 중요한 것은 그림책을 어떻게 읽어 줘야 하는지가 아닙니다. 아이들에게 그림책을 읽어 주기 전에 선생님이 먼저 읽어 보는 것이 중요합니다.

그림책을 추천받아 읽어 주는 경우 간혹 이런 생각이 들 수 있습니다.

'그림책을 좋아하는 선생님에게 추천받았으니 좋은 그림책이겠지? 내일 학교 가서 읽어 줘야지.'

이런 생각으로 아이들에게 읽어 줄 때 선생님도 처음 그림책을 읽습니다. 그러면 어떤 일이 일어날까요? 그림책에 따라 앞표지만 보여 주고 본문을 읽어 줘야 할 때도 있고 앞표지와 뒤표지를 180도로 펼친 후 한 번에 보여 줘야 할 때도 있는데, 그날 보여 줄 그림책이 어디에 해당하는지 알 수 없겠지요. 또한 한 번에 쭉 읽어야 하는 그림책인지, 중간에 질문을 던져 가며 읽어야 하는 그림책인지도 감을 잡지 못합니다. 더 중요한 문제는 그림책을 다 읽어 준 후 아이들에게 의미 있는 질문을 던질 확률이 매우 낮습니다. 그림책을 읽은 후 아이들 질문에 대해 부담을 느끼는 분들이 있는 것으로 알고 있습니다. 실제로 연수 때 종종 나오는 질문이기도 하고요. 사실 아이들이 직접 질문을 만들어 보고 그 질문으로 짝 토론, 모둠 토론, 전체 토론도 할 수 있기에 큰 부담을 가지지 않아도 된다는 말씀을 드리고 싶습니다. 아이들의 질문을 받다 보면 저도 깜짝 놀랄 때가 있습니다. 하지만 선생님도 그림책을 통해 아이들과 꼭 이야기하고 싶은 핵심 질문 한두 가지를 가지고 있으면 좋습니다.

03. 책 읽기를 싫어하는 아이는 어떻게 책에 끌어들이면 좋을까요?

SNS에서 다른 선생님들의 교실 수업을 엿보다 보면 정말 부러울 때가 있습니다. 선생님이 책을 소개하면 학급 아이들이 앞다투어 책을 빌려 가고, 활동 결과물을 보면 감탄이 절로 나오고, 자투리 시간에도 책을 읽고 있는 아이들의 모습을 볼 때입니다. 하지만 너무 부러워하지 않아도 됩니다. 그런 아이들을 만나는 건 교직 생활 동안 손에 꼽을 정도로 적을 테니까요. 그림책 교실 수업을 다룬 책에서 이게 무슨 말이냐고요? 이런 말을 하고 싶지는 않지만 그게 현실입니다.

이제까지 교실에서 만난 아이들을 떠올려 보세요. 책 읽기를 즐겨 한 아이들 이름을 불러 보세요. 생각이 잘 나시나요? 제가 책 수업을 하기 시작한 이유는 책을 즐겨 읽는 아이들이 많지 않았기 때문입니다. 제가 책의 세계로 끌어들이기 위한 다양한 활동을 하지 않아도 아이들이 스스로 책을 읽었다면 책 수업을 하지 않았을지도 모릅니다. 이 책이 나올 일도 없었을 테지요.

책 읽기를 싫어하는 아이의 유형도 정말 다양해서 하나의 정답이 있지는 않습니다. 정확하게 말해 주기 위해서는 그 아이를 만나서 관찰해야 합니다. 그렇기에 여기서는 일반론적인 이야기를 할 수밖에 없다는 점을 말씀드립니다. 교실 책방을 구성하는 네 가지 요소 기억하시나요? 그중 첫 번째가 '재미와 흥미', 두 번째가 '능동성과 자율성'이었습니다. 선생님이 책을 골라서 건네주지 말고 아이 스스로 책을 선택하게 해 보세요. 이때 책이 엄청 많은 도서관에 데려가기보다는 전면 책꽂이에 놓여 있는 책들 중 한 권을 선택할 수 있도록 도와주세요. 물론 선생님이 미리 재미있고 흥미로운 책으로 전면 책꽂이를 채워 놓아야 합니다.

아이가 책을 고르면 선생님이 직접 읽어 주세요. 그림책도 괜찮고 동화책도 좋습니다. 동화책은 글밥이 많으니 한 꼭지만 읽어 줘도 괜찮습니다.

그리고 이렇게 말해 주세요.

"오늘은 한 꼭지 읽었네. 내일 이 시간에 다음 꼭지 읽어 줄게."

전체 아이들을 대상으로 수업 시간에 책을 읽어 줄 때와 한 아이에게만 책을 읽어 줄 때는 다르겠지요. 따뜻한 정서적 감정의 교류와 아이가 좋아하는 간식 조금, 꾸준한 책 읽어 주기가 결합하면 아이 마음도 책으로 조금씩 다가오지 않을까요?

04. 아이들 반응이 안 좋을 때 수업에 대한 자신감이 떨어집니다. 선생님의 실패한 그림책 수업이 궁금합니다.

2017년부터 책 수업을 해 온 저도 아이들 반응이 좋지 않으면 자신감이 떨어집니다. 작년에 한 방법이 올해는 통하지 않을 때도 있지요. 아마 전국에 계신 선생님들도 같은 마음일 거라고 생각합니다.

책 수업을 하면서 저는 《허락 없는 외출》(휘리 글·그림)의 한 구절을 떠올립니다.

"익숙한 불안, 서투른 안도. 나는 언제나 그 사이에 서 있다."

저를 아는 선생님들은 제게 어찌 그리 열정적으로 수업을 할 수 있냐고 합니다. 그건 선생님들이 무대 위의 제 모습만 보기 때문에 그렇습니다. 제가 올리는 수업 사진들은 중간 과정이 편집된 잘 나온 결과물들입니다. 저도 책 수업을 하면서 실패도 많이 하고 자신감이 떨어져 번아웃이 올 때도 있습니다. 어떤 날은 저녁에 집에 가서도 수업한 내용을 떠올리며 무엇을 잘못했는지 곰곰이 생각에 잠길 때도 있습니다. 앞에서도 말했지만 실패의 경험은 굉장히 중요합니다. 실패는 거기에서 모든 것이 끝나는 것이 아닙니다. 그냥 책 수업을 하면서 겪는 하나의 과정일 뿐이지요. 넘어졌으면 툭툭 털고 다시 일어나 한 걸음 내딛으면 됩니다. 실패가 없다면 더 나은 수업도 없겠지요. 사람은 풍족할 때보다 부족할 때 더 나아지려고 노력을 하는 존재니까요.

교실 책방에서 실패한 수업 사례는 굉장히 많지만 하나만 예를 들겠습니다. 동시 수업을 할 때였어요. 원래의 시를 한 행씩 자른 다음 섞어서 아이들에게 나눠 주고 처음 동시로 배열해 보는 '동시 탐정단' 활동이었습니다. 세 명씩 세 모둠으로 나누고 자른 문장들을 나눠 주고 돌아다니며 잘하는지 관찰했습니다. 검정색 도화지에 잘라진 문장들을 붙이고 완성한 결과물을 칠판에 붙인 후 맞힌 모둠이 있나 확인했습니다. 놀랍게도 세 모둠 중 한 모둠이 맞혔더군요.

그런데 이 모둠은 정답을 어떻게 맞혔을까요? 모둠별로 활발하게 시에 대해 이야기를 나눴을까요? 아닙니다. 이 모둠은 제가 가위로 자른 단면을 이어 가면서 맞혔습니다. 창의적인 생각이었다고 칭찬은 해 줬지만, 수업 의도와는 어긋난 실패한 수업이었지요. 이런 경우 주눅 들기보다는 다음에 같은 수업할 때는 어떻게 하면 좋을지 고민하면 됩니다.

저는 이렇게 생각했습니다.

'다음에는 칼로 반듯하게 잘라서 나눠 줘야겠군!'

05. 수업에 사용할 그림책을 고를 때 선생님만의 기준이 있나요? 원하는 주제의 책이나 재미있는 책에 대한 정보는 어디서 얻나요?

수업할 때 그림책을 고르는 기준은 두 가지 방법을 사용합니다. 첫 번째는 특정한 내용에 대해 아이들과 생각을 나누고 싶은 경우, 그에 맞는 그림책을 찾습니다. '노키즈존'에 대해 이야기를 나누고 싶어서 《코끼리는 절대 안 돼!》(리사 맨체프 글, 유태은 그림)를 찾은 경우가 그렇습니다. 두 번째는 그림책을 읽다가 갑자기 수업 활동이 떠오르는 경우입니다. 그런 경우에는 우선 그림책 제목을 메모해 놓습니다. 바로 수업을 하진 않아도 그것이 자원이 되어 다음에 수업할 때 사용하는 재료가 되지요.《깔깔주스》가 그런 경우였습니다. 책을 읽는데 너무 재미있는 겁니다. '아이들은 어떤 주스를 만들고 싶을까.' 하는 생각이 떠올랐고, 그 생각을 학급 창작 그림책으로 옮겼습니다.

그림책에 대한 정보는 SNS를 적극적으로 활용합니다. 신간이 나오면 페이스북이나 인스타그램에 출판사들이 책을 올리는 계정이 있습니다. 그 계정들을 팔로하고 새 책이 나오면 살펴봅니다. 또 교실에서 활발하게 책 수업을 하는 선생님들의 계정을 팔로하고 살펴봅니다. 인터넷 사이트로 자주 방문하는 곳은 그림책박물관, 가온빛, 책씨앗, 아이도서연구회, 네이버 책 카페 등입니다. 팁 하나 더! 학교로 오는 도서 관련 책자들을 버리지 말고 잘 모아 두면 책을 선정하는 데 큰 도움을 받을 수 있습니다.

06. 독서 행사나 독후 활동 중심으로 독서 수업을 하게 됩니다. 그런데 독후 활동에 대해 부담이 많습니다.

저는 독후 활동에 대해 딱히 거부감이 있는 편은 아닙니다. 책을 조금 더 깊게 이해하는 데 도움이 된다면 독후 활동도 필요하다는 생각이거든요. 문제는 책 수업에 대한 선생님의 중심 없이 다른 곳에서 가져온 독후 활동을 짜깁기해서 수업하는 것입니다. 선생님이 책을 읽고 이 부분에서는 이런 활동이 필요하겠다는 생각이 들면 그대로 진행하면 됩니다. 책 수업에 정답이 있을까요? 저는 그렇지 않다고 생각합니다. 다만 책 자체에 대해 이야기를 충분히 나누는 과정은 필요하겠지요. 그림책 읽어 주고 바로 독후 활동하고 아이 작품 걷어서 보관하고 실적으로만 남기려는 부분만 조심하면 좋겠습니다. 가끔 저도 책 수업의 목적을 잃어버리고 실적 위주로 흐르려는 경향이 있어 책 수업이 끝나면 성찰하는 시간을 갖곤 합니다.

07. 그림책을 활용해 수업해 보려고 해도 수업 시간에 쫓기고 혼자 하려니 힘들어서 포기한 적이 있습니다.

앞에서도 잠깐 언급한 적이 있지만 교과서 진도를 전부 나가면서 하기는 쉽지 않습니다. 교과서를 그대로 나가면서 하려면 독서 단원을 이용해서 하는 방법이 가장 좋겠지요. 3~6학년 국어 교과에는 한 학기에 한 단원씩 독서 단원이 들어 있습니다. 3~4학년은 8차시 이상, 5~6학년은 10차시 이상 구성되어 있으니 그 시간을 그림책 수업으로 활용하며 조금씩 교과 재구성을 통해 책 수업을 해 나가면 좋을 듯합니다.

저는 국어 교과를 중심으로 도덕, 사회, 미술, 음악 교과를 연계해서 그림책 수업을 진행했습니다. 제 교실은 창의적 체험 활동(자율 활동) 중에 학급 특색 교육 시간이 별도로 있어서 그 시간도 그림책과 연계한 수업으로 학기 초에 계획을 세웠습니다. 성취 기준을 중심으로 교과서 내용을 살펴보면서 교과 간 통합, 교과 내 통합 등을 재구성해서 진행하면 좋을 것 같습니다.

한 학년에 학급이 여럿 있는 경우는 같은 학년 선생님들과 함께 책 수업을 구상하면 시간도 절약되고 아이디어도 함께 나눌 수 있는 장점이 있습니다. 소규모 학교에서는 한 학년에 한 학급뿐이어서 오롯이 혼자 모든 수업을 계획하고 진행해야 합니다. 자신의 교육 철학에 따라 수업을 구성해서 운영할 수 있기에 자율성이 있지만 책 수업 계획도 혼자 만들어야 한다는 부담이 있지요. 이럴 경우는 책 수업을 하는 지역 교사 연구회에 가입해서 활동해도 되고, 온라인에 있는 학년별 그림책 수업 모임, 밴드나 카페에 있는 전국 단위 그림책 모임에 가입해서 정보를 얻고 함께 이야기 나누면 도움이 될 것 같네요.

연구회나 동아리 활동에 가입하는 걸 어려워하는 분들도 있는데 '한번 해 보자.'라는 마음으로 가입해서 활동하면 비슷한 고민을 하는 선생님들과 유대감도 생기고, 수업 노하우도 배울 수 있습니다. 시작을 두려워하지 말고 한번 저질러 보세요. 저는 현재 세 개의 모임을 운영하고 있답니다.

08. 학생들과 그림책 수업한 결과를 기록하는 방법이 있으신가요?

선생님이 부지런해져야 합니다. 말로는 쉽지만 현실로 들어오면 쉽지 않지요. 수업 준비도 해야 하고, 업무도 처리해야 하고, 학생 상담도 해야 하고, 교무 회의도 있습니다. 학교에 있다 보면 정말 시간이 빠듯합니다. 안타깝게도 조금 더 부지런해지는 수밖에는 없습니다. 그림책 수업을 하고 나면 아이들의 결과물이 나옵니다. 그날 바로 사진을 찍어 컴퓨터 폴더에 날짜별로 보관해 놓습니다.

예를 들어 이런 식입니다.

"그림책_말려 드립니다_디지털 창작 그림책 만들기, 2021. 11. 11."

한 번 두 번 미루다 보면 예전 파일 찾기도 쉽지 않고 나중에는 기록하는 것을 포기하게 됩니다. 교단 일기처럼 수업 내용을 적기 힘들다면 사진 파일이라도 잘 보관하는 것을 추천합니다. 저도 그림책 수업한 것을 매번 기록하지는 못합니다. 만약 잘 기록해 놓았다면 이 글을 쓰면서 이렇게 힘들어하지는 않았을 겁니다.

열두 달 그림책 수업,
88종의 추천 도서 큐레이팅

월	주제	그림책 제목	작가
3월	새 학기 응원	우리는 1학년 1반	현주 글·그림
		모두 다 꽃이야	류형선 글, 이명애 그림
		학교가 처음 아이들을 만난 날	아담 렉스 글, 크리스티안 로빈슨 그림
		나태평과 진지해	진수경 글·그림
	친구 관계	사소한 소원만 들어주는 두꺼비	전금자 글·그림
		친구가 미운 날	가사이 마리 글, 기타무라 유카 그림
		무무의 선물	천송이 만그루 글·그림
		대신 전해 드립니다!	요시다 류타 글·그림

월	주제	제목	지은이
4월	과학의 달	지구의 시	하비에르 루이스 타보아다 글, 미렌 아시아인 로라 그림
		롱과 퐁은 지구인이 될까요?	윤여림 글, 김규택 그림
		미르	라우라 마나레시 글, 지오반니 만나 그림
		1일 1호기심 과학	몰리 올드필드 글, 모모코 아베 등 그림
	다양성과 포용성	거북이 자리	김유진 글·그림
		세모 별 디디	김소미 글, 채소라 그림
		파닥파닥 해바라기	보람 글·그림
		하나는 뱀이 좋아	가니에 안즈 글·그림
5월	선생님	선생님을 만나서	코비 야마다 글, 나탈리 러셀 그림
		우리 선생님이 최고야	케빈 행크스 글·그림
		선생님은 몬스터	피터 브라운 글·그림
		선생님, 우리 선생님	패트리샤 폴라코 글·그림
	생활 지도	누군가 뱉은	경자 글·그림
		가시 소년	권자경 글, 하완 그림
		줄다리기	조시온 글, 지우 그림
		친절한 행동	재클린 우드슨 글, E. B. 루이스 그림
6월	생태와 환경	냉장고가 사라졌다!	노수미 글, 김지환 그림
		오염물이 터졌다!	송수혜 글·그림
		마지막 섬	이지현 글·그림

		꽃향기를 맡지 못하는 별이의 제주도 출장	고승희 글·그림
6월	생태와 환경	고래를 삼킨 바다 쓰레기	유다정 글, 이광익 그림
		플라스틱 인간	안수민 글, 이지현 그림
		산불이 일어난 뒤에	대니 포포비치 글·그림
		오늘도 미세먼지	김민주 글·그림
7월	감정 바라보기	용기를 내, 비닐장갑!	유설화 글·그림
		컬러 몬스터_감정의 색깔	아나 예나스 글·그림
		오늘 내 기분은…	메리앤 코카−레플러 글·그림
		앵거 게임	조시온 글, 임미란 그림
		내 마음이 궁금해요	파울린느 아우드 글·그림
		감정에 이름을 붙여 봐	이라일라 글, 박현주 그림
		기분 가게	도키 나쓰키 글·그림
		왜 우니?	소복이 글·그림
8월	나에 대해 알기	내가 예쁘다고?	황인찬 글, 이명애 그림
		나에겐 비밀이 있어	이동연 글·그림
		내가 나를 골랐어	노부미 글·그림
		멋진 콩	조리 존 글, 피트 오즈월드 그림
		내 멋대로 슈크림빵	김지안 글·그림
		나는 ( ) 사람이에요	수전 베르데 글, 피터 H. 레이놀즈 그림

8월		내 안에는 사자가 있어, 너는?	가브리엘레 클리마 글, 자코모 아그넬로 모디카 그림
		술웨	루피타 뇽오 글, 바시티 해리슨 그림
9월	역사	정약용을 찾아라	김진 글, 장선환 그림
		백년아이	김지연 글·그림
		장날	이윤진 글, 이서지 그림
		우리 역사 노래 그림책	이흔 글, 김소희 그림
	인권	우산을 쓰지 않는 시란씨	다니카와 슌타로 글, 이세 히데코 그림
		9킬로미터	클라우디오 아길레라 글, 가브리엘라 리온 그림
		내가 라면을 먹을때	하세가와 요시후미 글·그림
		쿵쿵이는 몰랐던 이상한 편견이야기	허은실 글, 조원희 그림
10월	교육 연극하기	호랑이 뱃속 잔치	신동근 글·그림
		삘릴리 범범	박정섭 글, 이육남 그림
		모기와 춤을	하정산 글·그림
		브로콜리지만 사랑받고 싶어	별다름·달다름 글, 서영 그림
	한글	아빠가 들려주는 한글 이야기	김슬옹 글, 이승원 그림
		어서오세요 ㄱㄴㄷ 뷔페	최경식 글·그림, 박정섭 곡
		노는 게 좋은 ㅡ.ㅣ	전정숙 글, 김지영 그림
		세종대왕을 찾아라	김진 글, 정지윤 그림

11월	책 놀이	나는 오, 너는 아!	존 케인 글·그림
		모모모모모	밤코 글·그림
		뜨거운 책	이수연 글, 노이신 그림
		걱정머리	밤코 글·그림
		붙여 볼까?	카가미 켄 글·그림
		책 속에 책 속에 책	쥘리엥 베어 글, 시몽 바이이 그림
		이 색 다 바나나	제이슨 풀포드·타마라 숍신 글·그림
		미술 시간 마술 시간	김리라 글, 신빛 사진
12월	크리스마스	아기 다람쥐의 크리스마스	도요후쿠 마키코 글·그림
		산타 할머니	진수경 글·그림
		즐거운 크리스마스 선물 찾기	애그 자트코우스카 글·그림
		나와 티라노와 크리스마스	경혜원 글·그림
	진로	날고 싶은 키위	문종훈 글·그림
		무엇이 되고 싶나요?	캐서린 바 글, 애나 고메즈 그림
		무슨 꿈이든 괜찮아	프르체미스타프 베히터로비츠 글, 마르타 이그네르스카 그림
		너는 어떤 힘을 가지고 있니?	마스다 미리 글, 히라사와 잇페이 그림
1~2 월	성장과 마무리	돌꽃씨	하누 글·그림

1~2 월	성장과 마무리	축하합니다	조미자 글, 두 번째 토요일 그림
		자란다	심예진 글·그림
		소년과 두더지와 여우와 말	찰리 맥커시 글·그림
		이까짓 거!	박현주 글·그림
		콩나물	정은선 글·그림
		모드락 숲의 선물	이보경 글·그림
		아마도 너라면	코비 야마다 글, 가브리엘라 버루시 그림

맺는말

〜〜〜〜〜〜〜〜〜〜〜〜〜〜〜〜〜〜〜〜〜〜〜〜

마지막 글을 쓰려고 키보드에 손을 올려놓고 있는 지금, 에런 베커의 그림책《머나먼 여행》이 떠오른다. '뭔가 특별한 봉봉샘의 교실 책방 이야기'를 글로 담아내기 위해 첫 문장을 썼던 날부터 맺는말을 쓰는 지금까지 머나먼 여행을 다녀온 듯한 기분이 든다. 글을 쓰는 과정에서 '내가 이 글을 쓸 수 있을까, 책의 마지막에 마침표를 찍을 수 있을까.'라는 생각이 마음 한구석을 차지하고 있었다. 사람들 앞에서 그림책 수업 이야기를 말로 하는 것과 그것을 정돈해서 글로 다듬는 작업은 별개의 일처럼 달랐다. 포기하고 싶었던 나를 다시 걷게 만든 것은 결국 그림책이었다.《머나먼 여행》에 나오는 소녀가 새로운 세상으로 나갈 수 있도록 도와준 마법의 펜이 내겐 그림책이 지 않았을까.

그림책을 가지고 아이들과 함께 다양한 곳으로 여행을 다녀왔다. 어떤 날은 마음이 잘 맞아 즐거운 마음으로 여행을 마치고 돌아왔고, 또 어떤 날은 서로 의견이 맞지 않아서, 보고 싶은 것이 달라서 삐걱대기도 했다. 매번 그림책 수업이 성공한다면 그것 역시 옳은 일은 아니라는 생각이 든다. 어찌 보면 실패하지 않는 안전한 길로만 걸어갔다는 이야기도 되니까.

그림책 수업 이야기를 마무리 짓는 지금, 처음 그림책 수업을 하면서 마음먹었던 생각을 떠올린다. 조금은 나은 선생님이 되어 보려고 발버둥 치며 책의 세계에 발을 딛었을 때, 한 가지 다짐을 했었다.

'아이들이 책과 가까워졌으면 좋겠다. 책을 읽을 수 있도록 옆에서 책을 건네주는 선생님이 되고 싶다.'

2017년 3학년 아이들에게 읽어 줬던 《선생님은 몬스터》를 시작으로 2022년 겨울 방학 전 마지막으로 읽었던 《너와 함께》까지 수없이 많은 그림책을 읽어 주고 교과와 연계하여 활동을 진행했다. 6년이란 시간 동안 첫 마음이 변하지 않고 잘 걸어올 수 있었던 것은 아이들이 가끔씩 툭하고 내뱉는 귀한 언어와 책을 향해 보여 줬던 진솔한 마음 때문이 아니었나 생각한다.

이 글을 쓰고 있는 지금 안타까운 소식이 들려온다. 문화체육관광부가 발표한 '2021년 국민 독서 실태' 조사에 따르면 지난 1년 동안 종합 독서량이 네 권 반으로, 2019년보다 세 권이 줄었다고 한다. 더불어 성인 중 절반 넘는 사람이 1년에 책을 한 권도 읽지 않는다는 결과가 발표되었다. 이 결과를 보고 나니 앞으로 책 수업을 더 폭넓고 즐겁게 해야겠다는 생각이 든다. 이 책을 읽고 계신 분들이라면 언젠가는 책으로 아이들을 만날 것이라고 확신한다. 더 많은 교실에서 책을 읽는 소리가 울려 퍼지고, 책 이야기를 더 많이 주고받는 세상이 되었으면 한다. 그렇게 될 때 아이들은 책으로 자신을 만나고 다른 사람을 이해하며 더 넓은 세상을 헤쳐 나갈 힘을 얻을 수 있을 것이다.

마법의 펜과 같은 그림책 한 권을 들고 다양한 세상을 여행하고 집으로 돌아왔다. 하지만 우리는 이 여행이 곧 다시 시작될 것이라는 걸 알고 있다. 에런 베커의 또 다른 작품인 《끝없는 여행》처럼 말이다. 나는 빨간색 마법의 펜을 들고 언제든 책 속으로 새로운 여행을 떠나려고 한다. 그 과정에서 보라색 마법의 펜을 들고 여행하는 여러분을 만날 수 있다면 좋겠다. 설렘으로 가득 찬 새로운 여행을 꿈꾸며 이제 아내와 삼남매 곁으로 돌아가려 한다. 글을 쓰는 것도 좋지만 역시 삼남매와 함께 보내는 시간이 더 좋다. 책을 쓰는 동안 방에 들어가 혼자 머리를 쥐어뜯는 시간이 많았다. 모든 과정을 이해하고 믿어 준 아내와, 아빠가 바르고 진실하게 살아갈 수 있도록 원동력이 되어 준 삼남매 유진, 유정, 유현이에게 진심을 담아 감사의 마음을 전한다.

뭔가 특별한 봉봉샘의 교실 책방

초판 1쇄 펴낸날 2023년 4월 20일

지은이	채봉윤
편집장	한해숙
편집	신경아, 이경희
디자인	최성수, 이이환
마케팅	박영준, 한지훈
홍보	정보영, 박소현
영업관리	김효순

펴낸이	조은희
펴낸곳	주식회사 한솔수북
출판등록	제2013-000276호
주소	03996 서울시 마포구 월드컵로 96 영훈빌딩 5층
전화	편집 02-2001-5823 영업 02-2001-5828
팩스	0303-3440-0108
전자우편	isoobook@eduhansol.co.kr
블로그	blog.naver.com/hsoobook
인스타그램	soobook2
페이스북	soobook2

ISBN 979-11-92686-53-0

큐알 코드를 찍어서
독자 참여 신청을 하시면
선물을 보내 드립니다.

 한솔수북의 모든 책은 아이의 눈, 엄마의 마음으로 만듭니다